上帝

——儒教的至上神

李 申 著

東大圖書公司

自　序

　　如今的中國人，提起上帝，就認為那是基督教的神。很少有人知道，上帝其實原來是中國人的至上神。更具體地說，是儒教的至上神。

　　基督教的至上神，拉丁文作 Deus，英文作 God。明朝末年，利瑪竇來華傳教。由於他的前任扮成僧人未能成功，所以他決定扮作儒生，以便使當時居於正統地位的儒教能夠接受他的主張。基督教教義，也必須譯成漢文，才能為中國人接受。那麼，基督教教義中最重要的概念 Deus 或者 God，該怎麼翻譯呢？為了使中國人容易接受，他的一個中國朋友建議譯成儒經中的「上帝」。利瑪竇接受了這個建議。

　　如今我們去看儒經，還處處可以碰到「上帝」這個概念。《周易》中說：「殷薦之上帝」，「以享上帝」。《尚書》中說：「予畏上帝」，「克配上帝」，「克相上帝」，「皇天上帝改厥元子茲大國殷之命」，「惟皇上帝降衷于下民」。《詩經》中說：「昭事上帝」，「蕩蕩上帝」，「皇矣上帝」，「上帝臨汝」，「上帝板板」……。上帝，是我國商、周、春秋時代信仰的最重要的神靈。

　　《周易》、《尚書》、《詩經》等後來都成了儒經，即儒教

的經。經的意思，就是常、永恆，即永遠不變的真理。所以
《周易》《尚書》《詩經》中的上帝信仰，也是此後中國古
人的基本信仰。《尚書》中的「皇天上帝」曾經作為儒教上帝
的正式名稱。而《周禮》《詩經》中的「昊天上帝」，則成為
中國此後上帝的正式名號。在明清時代的官方文書中，「皇上
帝」成為儒教國家稱呼至上神的通用語言。

上帝，也是整個中國古代信仰的至上神。

利瑪竇把 Deus 譯為上帝，使儒者把基督教的至上神和
儒教的至上神看成一個，因而極大地拉近了儒教和基督教的
距離，利瑪竇的傳教事業迅速打開了局面。

但是利瑪竇的作法卻沒有得到基督教世界的全部贊同。
許多基督教神學家認為，God 和上帝不一樣，不應該這樣翻
譯。因為上帝類似人間的帝，下面有一套類似人間官吏的神
靈系統，但 God 只有一個。基督教只承認 God 是神，也只承
認基督教是真正的宗教。在正統的基督教神學家看來，把 God
譯為上帝，就是向異教妥協，這是違背基督教的基本原則的。
這種反對的聲音，直到如今也沒有中斷。所以，中國人把上
帝認為是基督教的至上神，不僅於中國事實不符，也不能得
到基督教方面的承認。

「上帝」的意思，本義未必就是指天上的帝。至少在漢
代，還有人認為是指遙遠古代的帝。如今我們還說「上古」，
也就是非常遙遠的古代。上，也是指時間的遙遠，不是指方
位的上下。上帝指天上的帝，當是後來的事情。而天上的帝，

則不過是人間的帝的投影。

上帝，在中國古代文獻中也稱為「天」。天和上帝，是同實異名的概念。後來的發展，則認為只有昊天上帝才可以稱天。儒教至上神觀念的發展，反映著古代社會和宗教的時代變遷。

中國古代的宗教，影響較大的有三個，就是儒佛道三教。伊斯蘭教和基督教傳入較晚，所影響的地域和人口都不多，所以人們一般只說「三教九流」。其中的「三教」，指的就是儒佛道。

儒佛道之中，佛是從外面傳來的，所信最高神是佛，和中國原來的信仰沒有關係。儒、道二教則是植根於傳統信仰之上。道教也信仰上帝。比如葛洪著名的《抱朴子·內篇》一書，其中所說的成仙，其意義還是要到上帝那裏做一名官吏。然而由於儒教始終處於國教的地位，又規定只有天子可以祭天，所以道教的上帝信仰常常受到限制，上帝信仰就主要由儒教繼承下來。

任何宗教，其至上神的狀況都集中著該宗教信仰的核心問題，體現著該宗教最高的精神生活。上帝信仰的狀況和上帝信仰的演變，體現著中國古代最高的精神生活史。

本書所介紹的，就是中國古代上帝信仰的狀況及其演變。

上帝——儒教的至上神

目次

第一章

夏商周三代的上帝信仰

夏商周三代的上帝信仰，是儒教上帝信仰的源頭。據《尚書‧堯典》，堯舜時代的至上神就是上帝。甲骨文中有許多「帝」字，包括兩種含義，一是指上帝，另一是指對上帝的祭祀，後來被寫為「禘」。孔子說：「惟天為大，惟堯則之。」天是最高的神，也就是上帝。夏天子伐有扈氏，商湯伐夏桀，盤庚遷都，周武伐紂，無非都是揚言遵循上帝的命令，才得到廣大的認可，並取得成功。

　　夏商周三代的上帝信仰，是儒教上帝信仰的源頭。所以我們先來談談三代的上帝信仰狀況。

一、夏代及其以前的上帝信仰

　　據《尚書·堯典》，堯舜時代的至上神就是上帝。那裏說道，舜接受了堯禪讓的帝位之後，舉行了一系列國事活動。其中重要的一項是「類於上帝」，即祭祀上帝。類，是祭祀上帝禮儀的一種。這一篇還說，堯在位時，就「格於上下」。格，有人認為就是「來」的意思。這話的意思是，天上的和地上的神祇都來對堯表示支持。

　　孔子後來也說過，「惟天為大，惟堯則之」。就是說，天是最高的神，堯認真切實地按照天的意志行事。這個天，也就是上帝。

　　有一次，舜、禹和主管司法的大臣皋陶討論治國問題，皋陶說，天要成就的事，由人來代替它完成（「天工人其代之」）；天制訂的倫理規範，人要切實地執行；天制訂了禮儀，使我們和睦相處；天任命了有德行的人，並給他們規定了相應的服裝；天懲罰那些有罪的，給他們設計了五種刑罰。

　　後來，大禹發言說，只要我們認真而明確地按上帝的指示去做，天就會不斷地降給我們幸福（「徯志以昭受上帝，天其申命用休」）。

禹做了天子之後，他的信仰，也就和堯舜時代一脈相承。夏天子要進攻有扈氏，戰前動員時說道，有扈氏違犯了規矩，天要斷絕對他們的任命，所以我們只有恭敬地來實行天對有扈氏的懲罰（參見《尚書‧甘誓》）。這裏說的天，也就是上帝。

二、商代的上帝信仰

商代的開國君主是湯。湯在討伐夏桀時，做戰前動員道，夏人罪惡多端，天命令我處死他。我畏懼上帝，不敢不執行天的命令。希望你們和我一道，去執行這上天的處罰。

商代著名的君主盤庚在遷都的時候，對他的臣子們說，我們的祖先要做什麼事，都嚴格地遵守著上天的命令。假如我們不是如此，上天說不定什麼時候就會撤銷對我們的任命。現在，上天就命令我們住在這新的都城裏，來振興祖宗的事業。祖宗們曾經建立了許多功勳。我要遷都，也是由於上帝要重建我們祖宗的功德。

由於盤庚說自己遷都是執行上帝的命令，臣子就都無話可說了。

商代君主經常進行占卜。在河南安陽等地出土的甲骨文，就是他們占卜的記錄。甲骨文中，有不少「帝」字。從甲骨文看，商代人不僅認為存在著上帝，而且認為上帝主宰著一

切，包括刮風、下雨等等。

商代滅亡以後，他們的子孫居住於今天河南商丘一帶。在祭祀祖宗的時候，他們唱著歌頌祖宗功德的歌。歌詞唱道：「上天降下了安康，到處是豐收的景象」（「自天降康，豐年穰穰」）；「上天命令玄鳥下凡，降生了商的祖先」（「天命玄鳥，降而生商」）；「商的祖先是上帝的兒子」（「帝立子生商」）；「湯嚴肅認真地祈禱，恭恭敬敬地面對上帝」（「昭假遲遲，上帝是祗」）。上帝，也是商代的至上神。

商代末年，天下動亂。周文王在周地不斷發展自己的勢力，引起了商代大臣祖伊的憂慮。他去警告商王紂說，天快要收回對我們的任命了，您還這樣地只顧享樂！紂說，我的命不是上天給的嗎？不用怕。

不久，周文王之子周武王的軍隊來了，商王紂被殺，商朝就滅亡了。

三、周初文告中表現的上帝信仰

周武王討伐商朝，也像夏王討伐有扈氏、商湯討伐夏桀一樣，動員戰士們說，商王紂，只聽老婆的話，荒廢了祭祀，拋棄了親屬兄弟，只信任別人，放縱臣子們暴虐百姓。現在，我恭敬地來實行上天的懲罰，希望你們要努力殺敵。

武王滅商以後，第十三年，武王去訪問商的賢臣箕子。

武王說，天是保護民眾的，使他們和睦相處，可是我不知道如何制訂使他們相處的法則。於是箕子就向武王講解治國的基本原則。這些原則記載下來，就是《尚書》中的〈洪範〉篇。

　　周武王死，成王繼位，周公旦輔政。有人散佈流言，說周公要圖謀王位。為了避免嫌疑，周公離開了京城。這年秋天，莊稼成熟的時候，刮起了狂風，下起了暴雨，莊稼倒了，許多大樹都連根拔起。成王弄清了這是因為周公受了冤枉，於是禱告說，我不知道周公受了冤枉，使天動怒，我一定親自把周公迎接回來。於是天晴了，又刮起了反向風，已經倒伏的莊稼又重新立了起來。

　　同時，周代也稱天為「上帝」。有一次，周公旦對成王說，天給了我重大而艱鉅的責任，我一定要小心謹慎，不敢荒廢上帝的命令。成王接著說道，眾位國君和大臣們哪，你們是瞭解上帝之命的。天曾經滅亡了殷商，我們千萬不可怠慢。天命是不會錯的，它表現在卜兆之中。

　　在這裏，天和上帝是同實異名的概念。

　　周公代替成王執政七年之後，就把政權又交給了成王。這時，輔正的召公對成王也進行了一番告誡。其中說道，皇天上帝，收回了給他的長子商朝這個大國的任命，使您接受了任命。您要嚴格地保持自己的德行，以祈求上天永遠保持給您的任命。

　　不久，周公建成了洛邑，訓告商朝原來的臣子們說，昊

天滅亡了你們商朝，上帝結束了對你們的任命。我們哪敢謀求這個王位？是上帝不把王位給你們了。紂王只知享樂，上帝就不再保佑他。現在，只有我們的周王能很好地完成上帝的使命。

在周代初年的文告中，有時也稱上帝為「皇天上帝」、「皇天」、「昊天」等等。對上帝的這些稱呼，在周代的詩歌中表現得更為明顯。

四、周代詩歌中的上帝信仰

周代前期的詩歌，保存在《詩經》中。據說這些詩歌都經過了孔子的審定，所以被稱為經。《詩經》中的詩歌分為三大部分：「風」是各諸侯國的詩歌；「雅」是周王統治地區的詩歌；「頌」是周王、魯國和商人後裔祭祀的詩歌。這些詩歌，特別是頌歌中，鮮明地表現著周代的信仰。

在《大雅·文王》，周人歌頌他們事業的開創者周文王道：

> 文王在上，於昭于天。
>
> 有周不顯，帝命不時。文王陟降，在帝左右。

就是說，文王在天上，他十分地明察。周的光輝大大地閃耀，上帝的任命無比地正確。文王往來於天地之間，侍奉在上帝左右。

這首詩還唱道：

> 商之孫子，其麗不億。上帝既命，侯于周服。
> 殷之未喪師，克配上帝。宜鑒于殷，駿命不易。

意思是說，商朝的子孫們哪，可不只十萬之多。上帝已經下
了命令，他們就全部做了周朝的臣子。殷人沒有喪失人心的
時候，他們配得上上帝的任命。應該以殷人的教訓作為鑒戒，
要知道天那重要的任命不是輕易就改變的。

類似上面的詩句，在《詩經》中可說比比皆是：

> 上帝不寧，不康禋祀，居然生子。（〈生民〉）
> 上帝居歆，胡臭亶時。（〈生民〉）
> 上帝板板，下民卒癉。（〈板〉）
> 蕩蕩上帝，下民之辟。疾威上帝，其命多辟。天生烝
> 民，其命匪諶。（〈蕩〉）
> 肆皇天弗尚，如彼泉流。……昊天孔昭，我生靡樂。
> ……取譬不遠，昊天不忒。（〈抑〉）
> 昊天上帝，則不我遺。……昊天上帝，寧俾我遯。……
> 昊天上帝，則不我虞。（〈雲漢〉）
> ……

《詩經》和《尚書》，後來都成為儒教的經典。「經典」的意
思，就是說其中的話都是上帝的意志，因而就是絕對真理，
只能信奉而不可懷疑。這樣，其中有關上帝的信仰，也就成

為數千年間中國古人的基本信仰。

五、夏商周的上帝

夏代的上帝是誰？由於文獻不足，難以知曉。至於商代的上帝，學者們則有很多的研究。在這裏向諸位讀者作一介紹。

自從甲骨文被發現以後，甲骨文的內容就成為商代狀況的可靠記載。甲骨文中有許多「帝」字。著名的甲骨學者于省吾認為，這「帝」字有兩種含義，一是指上帝，另一是指對上帝的祭祀。祭祀上帝的意思，後來被寫為「禘」。這個意見得到了幾乎所有甲骨學者的贊同。

同時，也有些甲骨學者發現，甲骨文中常常稱呼去世的父王為帝。也就是說，商朝的君主用同一個稱呼，來指稱上帝，也指稱他們去世的父親。上帝和他們的父親用同一個稱呼，這種情況說明了什麼呢？

一些早期的甲骨學者，如王國維、郭沫若等，都認為甲骨文中的帝或上帝就是商朝君主的祖宗。有人甚至推定，這個上帝就是帝嚳或者帝俊。

在前人研究的基礎上，近人羅琨指出：「顯然，上帝就是商王的化身。」❶張光直在《中國青銅時代》一書中也指出，

---

❶　羅琨〈商代人祭及相關問題〉，載《甲骨探史錄》，三聯書店，

商代的帝，很可能就是他們的祖宗。

　　認為上帝就是商代君主的祖宗，這個判斷是十分正確的。然而使許多學者所不理解的是，在甲骨文中，有「帝使風」、「帝令雨」、「帝令其雷」之類的文字，人的祖宗如何能夠指使風雨雷電呢？

　　隨著宗教學研究的深入，這個問題也逐漸得到了人們的理解。在古希臘神話中，奧林匹斯山上掌握著雷電的宙斯，就是一位父家長的形象。而且在古代許多民族中，都有以活著的人為神的事，這些神也幾乎都宣佈自己是天地間風雲雷電的管理者。在中國，著名的奇書《山海經》就記載著許多帝，比如黃帝、帝俊等等，那些動物神或者半人半獸神不過是帝的下屬。而這些動物神或者半人半獸神，正是風雨雷電的管理者。帝命令它們，可說是帝的正常職責。

　　由商代上帝的情況，我們可以推論，夏代，甚至夏代以前，就是把自己的祖宗神做了上帝。

　　由此還可以推測，堯、舜，以及古代許多的帝，都曾經做過上帝。

　　比如治水的大禹。有則記載說，大禹有一天召集群神開會，守護某山的神防風氏遲到，大禹斬殺了防風氏。孔子時代，有人發現了一根非常大的骨頭，可以裝滿一車，不知是什麼骨頭。孔子說，那就是防風氏的骨頭。而大禹能夠召集群神開會，並且可以斬殺某神，那麼，他就也應當是上帝才

1982 年。

對。

　　至於周代，我們以後將要說明，他們也是以自己的祖宗為上帝。不過，我們在說明這一點以前，要先說說上帝和天的關係。

六、上帝與天

　　上帝為什麼又叫做「天」？或者說，天為什麼又叫做上帝？古代的學者很少加以說明，或者是有過說明但現代很少有人進行研究，於是近現代的學者有的就自己提供了說明。有一種意見說，上帝和天本來是不同的信仰。商代人信上帝，周代人信天，如此等等。然而不僅在《尚書》等文獻中，即使甲骨文中，不僅有「帝」字，也有「天」字。說商代人不信天，難以成立。而周代人不僅信天，也信上帝。把天和上帝說成是兩個信仰系統的至上神，沒有多少根據。或者說，只是一種猜測。

　　在這裏，我們只能根據古代的情況做一些推測。在古代，人們往往以地望，也就是那人所在的地方，作為該人的代稱。比如以「昌黎」來代稱韓愈，以「河東」代稱柳宗元等等。這樣的情況，現在也存在。比如以「白宮」來代稱美國政府，以「五角大廈」代稱美國國防部等等。不過現代這樣的代稱往往含有貶義，但在古代，卻是一種習慣，並且往往以此表

示對被指稱者的尊重。而這樣的習慣，在孔子時代就已經很流行了。比如孔子說：「曾謂泰山不如林放乎?」(《論語‧八佾》) 這裏的泰山，指的就是泰山神。可以想見，這樣的稱呼絕不是從孔子才開始的，而是早就存在的一種習慣。

那麼，上帝，在當時被認為是住在天上的。「文王在上，於昭于天」，「文王陟降，在帝左右」，就是上帝住在天上的證據。這樣，以天作為上帝的代稱也就順理成章了。

直到漢代，王充還說：「天神之處天，猶王者之居也。」(《論衡‧雷虛》) 而在漢代及其以前，曾經把許多星座當作了上帝的住處。比如紫微垣、太微垣等，就被認為是上帝的住處。直到今天，還有人相信，天上的世界，就像《西遊記》中所說的情況一樣。

第二章

春秋戰國時代的上帝信仰

春秋戰國時代，是個禮崩樂壞的時代，也就是祭禮的崩壞。諸侯、大夫紛紛越級祭祀不該由自己祭祀的神靈。大夫祭山，諸侯祭天，即祭祀上帝。《孟子》引《尚書》：「天降下民，作之君，作之師，惟曰其助上帝，寵之四方。」在上古時代，君和師的職能或許就是由一人兼任的。但至少從春秋時代起，由於國家事務日益複雜，君主必須要有一個良好的助手，已經成為社會的共同認識。至聖先師孔子自己以上帝使命的承擔者自居，要把上帝的恩惠送達四面八方，這也成了後來儒者的共同使命。

春秋戰國時代，是個禮崩樂壞的時代。而禮崩樂壞最重
要的內容，就是祭禮的崩壞。諸侯、大夫紛紛越級祭祀不該
由自己祭祀的神靈。比如依照規定，只有諸侯才可以祭祀境
內的山川之神，然而季氏作為魯國的一位大夫，竟然也去祭
祀泰山。大夫祭山，諸侯就想祭天，即祭祀上帝。在這一章
裏，我們就來介紹春秋戰國時代各個諸侯國破壞禮制、祭祀
上帝的情況。

一、秦國的上帝信仰和祭祀

根據《史記·封禪書》記載，秦國是最早祭祀上帝的諸
侯國。

周朝初年分封諸侯的時候，沒有秦國。在西周末年的動
亂中，嬴姓的子弟打敗了犬戎，保護周平王順利遷都洛陽，
才被封為諸侯。就在秦國被封為諸侯的同時，他們也開始祭
祀上帝。

秦國祭祀的上帝稱為「白帝」。這個白帝，秦國人認為就
是他們的祖先少昊。為了祭祀白帝少昊，他們建立了西畤。
畤，意思是「止」，即讓神靈停留、休息的地方。

許多年後，秦文公在位。有一次他去打獵，看中了一塊
適宜居住的地方。於是就說，他在晚上夢見一條黃蛇從天上
倒掛下來，蛇口停在鄜地的山坡上。問史官敦這是什麼意思？

敦說，這是上帝顯靈，應該祭祀上帝。於是文公又建設了鄜
時，祭祀白帝。

　　就在秦國建立鄜時之前，境內就有吳陽的武時和雍地東
部的好時。有人說，這是由於雍地地勢高，神靈都住在這裏，
所以建立了時，來祭祀上帝。並且說這個傳統由來已久，在
黃帝時代就開始了，直到周朝末年，天子還來祭祀上帝。

　　幾十年後，到了秦德公時代，用了三百頭牛羊在鄜時祭
祀白帝。到了德公的兒子宣公，又在渭河以南建造了密時，
祭祀青帝。青帝據說是太昊氏伏羲，就是相傳畫了八卦的那
位。

　　宣公的兒子秦穆公，是秦國歷史上非常有作為的君主。
據說有一次他病了，五天不省人事。醒來以後，說自己夢中
拜見了上帝，上帝命令他平定晉國的內亂。秦國的史官把這
當作一件大事記入秦國的歷史。後世則傳聞說，秦穆公上到
了天上。

　　大約百餘年之後，秦靈公又在吳陽建造上時，祭祀黃帝；
造下時，祭祀炎帝。假如黃帝曾在雍地祭祀上帝的傳說為真，
那麼，這就是說，他們在世時祭祀上帝，他們去世後又被後
人尊為上帝加以祭祀。這樣的情況，往後我們還會碰到。

　　到秦朝滅亡的時候，他們祭祀的上帝共有四位，就是黃
帝、炎帝、白帝、青帝。這四位上帝，依照我們今天的認識，
都是上古時代的君主。其中白帝少昊被秦人認為是自己的祖
先，而少昊據說又是黃帝的子孫。炎帝、伏羲沒有明說是秦

人的祖先。那麼，這就是說，秦人在自己的祖先之外，還把其他有大功德的古代君主奉為上帝。

二、齊國的上帝信仰和祭祀

就在秦穆公夢見上天之後不久，齊桓公開始稱霸。有一次，齊桓公把諸侯們都召集到葵丘，也就是今天山東考城縣，宣佈要舉行封禪大典。

封禪，就是到泰山或者其他高山上去祭天。這是古代最隆重的祭天禮儀。依照規定，只有建立了大功業的天子，才有資格進行封禪，不是隨便什麼人都可以做的。齊桓公要到泰山封禪，就是說，他要到泰山上去祭天。齊桓公僅僅是個諸侯，他要祭天，就是破壞禮制的行為，並且又是要到泰山上祭天，更是嚴重破壞禮制的行為。對這件事，作為臣子的管仲不能不加以制止。

管仲對齊桓公說，古代曾經到泰山封禪的天子有七十二位，我僅僅記得十二位。其中有堯，有舜，有大禹，有商湯，周代的，有周成王。這些人，都是接受天命、做了天子以後才去封禪的，不是隨隨便便就可以封禪的。齊桓公反駁說，我戰勝了四方，平定了天下，多次召集諸侯會議，一下子制止了天下的混亂局面，所有的諸侯都要聽我指揮。夏商周三代接受天命，也不過如此。為什麼我不能封禪？

　　管仲看這樣勸阻沒用，就又說道，古代封禪，接受天命，都是有一定徵兆的。比如說東海出了比目魚，西海出了比翼鳥，各種吉祥的事物紛紛到來，有十五種之多。現在一種也沒有，反而出現了許多不吉祥的事物。比如鳳凰麒麟不來，卻來了貓頭鷹；連一株多穗的嘉禾也沒有，田裏到處長滿了荒草。這怎麼能夠封禪呢？齊桓公沒話說了，只好取消了封禪的打算。

　　齊桓公以後，不知何時，齊國也開始祭祀上帝。到秦始皇統一天下時，齊國祭祀的重要神靈有八位，稱八神。這八神是：天主、地主、兵主（蚩尤）、陰主（三山）、陽主（之罘山）、月主、日主、四時主。其中天主、地主，顯然就是上帝和地神。有人說，這八神是從古以來就有的。也有人說，這八神是從姜太公建國之後才設置的。無論如何，在春秋、或者戰國時期的某一段時間之內，齊國已經開始祭祀上帝，則是不爭的事實。並且這裏要先告訴讀者的是，當明朝末年，利瑪寶來華傳教，把基督教的至上神翻譯成「天主」，其名稱的來源就在這裏。

三、魯國的上帝信仰和祭祀

　　《論語》中有句非常著名的話：「或問禘之說。子曰：不知也。知其說者之於天下也，其如示諸斯乎！指其掌。」（〈八

佾〉)依照歷代儒者的解釋,這一面說明了孔子對禘禮的重視。在孔子看來,誰如果懂得禘禮,就可以輕鬆地把天下治理好。一面也是孔子不想批評魯國,因為魯國是實行禘禮的國家。

那麼,禘禮是一種什麼禮儀,值得孔子如此重視呢?

依照《禮記》等書的記載,禘禮是一種只有天子才可以實行的禮儀,叫做「不王不禘」。意思是說,不是王者,即不是天子,不可以實行禘禮。為什麼呢?我們前面已經講到,禘,在甲骨文中就是「帝」,這是一種祭祀上帝的禮儀。依照中國古代規定,這是只有天子才可以實行的禮儀。魯國不是天子,卻要實行禘禮,所以是違背禮制的。對於違背禮制的事,孔子當然應該反對。但是由於孔子是魯國的臣子,依照為尊者隱瞞錯誤的原則,孔子又不能對此加以批評,所以只好推辭說,自己不懂得禘禮。

魯國實行禘禮,也就是說,魯國在祭祀上帝。

魯國不僅實行禘禮,而且還實行祭祀上帝的郊禮。據說是由孔子編定的《春秋》一書,在魯僖公三十一年條下就記載著:「夏,四月,四卜郊不從,乃免牲,猶三望。」這是什麼意思呢?

著名的《春秋公羊傳》解釋說,魯國實行郊祭,是違背禮制的。因為郊是祭祀上帝的禮儀。魯國是諸侯,不應該祭祀上帝。魯國不應該實行郊禮,孔子為什麼還記載這件事呢?那是孔子對魯國違背禮制行為的批評。

不論《春秋公羊傳》的解釋是否正確,魯國在實行郊禮

則是事實。而且在《春秋》一書中，記載魯國實行郊禮的，還不只一處，因為魯國祭祀上帝，不只一次。

在春秋時代的諸侯國中，魯國是最懂得禮儀的國家，為什麼魯國還會違背禮制祭祀上帝呢？依照儒者的解釋是，因為在討伐商朝的戰爭中，在周朝初年國家的各項建設中，周公姬旦的功勞都最大。為了答謝周公的功勞，周成王特別允許周公的封地魯國可以使用天子的禮儀，祭祀上帝。然而在儒者們看來，周成王這樣做就是違背禮制的，魯國接受了這樣的賞賜，也是違背禮制的。然而不論怎麼說，魯國祭祀上帝，則是事實。

那麼，魯國祭祀的上帝是誰呢？

四、魯國的上帝

依照儒者對禘禮的解釋，禘的意思是，祭祀自己的先祖所出自的那個上帝。也就是說，在古代的中國人看來，凡是天子，都是上帝的兒子。或者說，都有上帝的血統。那個開創了自家事業的先祖，是後代永遠要祭祀的對象。而這個先祖，乃是上帝的後裔。禘，就是祭祀生下了自己先祖的上帝。

依照這個規定，據說夏商周三代所祭祀的上帝都不相同。《禮記·祭法》說：「有虞氏禘黃帝而郊嚳，祖顓頊而宗堯。夏后氏亦禘黃帝而郊鯀，祖顓頊而宗禹。殷人禘嚳而郊冥，

祖契而宗湯。周人禘嚳而郊稷，祖文王而宗武王。」那些禘、
郊的對象，就是當時祭祀的上帝。周朝禘嚳、郊稷，就是把
帝嚳和后稷當成了自己的上帝。按照《詩經》的說法，帝嚳
就是后稷的父親，后稷乃是周人事業的開創者，而文王又是
周朝事業的直接奠基人。周朝以文王為先祖，那后稷、帝嚳
就是文王所出自的上帝。

　　對於魯國來說，開創魯國基業的是周公，周公所出自的
上帝，或者說，生下了周公的那個上帝，就是文王。所以，
依照一些儒者的解釋，魯國祭祀的上帝就是文王。

　　最先說出這個意見的，是唐朝儒者趙匡。後來朱熹作《四
書集注》，在解釋孔子說自己不知禘禮那一段時，引用趙匡的
說法道：禘，是天子的重大祭祀。天子建立了始祖廟，又推
知始祖所出自的那個上帝，在始祖廟中祭祀它，而以始祖陪
同。成王因為周公有大勳勞，賞賜給魯國這樣重大的祭祀，
所以魯國可以在周公廟內舉行禘禮，把文王作為周公所出自
的上帝，讓周公陪同文王接受祭祀。不過，這是不合乎禮制
的。

　　魯國祭祀的上帝是不是周文王？讀者有不同意見的自可
繼續研究。然而，直到目前為止，應該說，趙匡和朱熹的意
見還是最合理的說明。

五、其他諸侯國的上帝信仰和祭祀

秦朝統一，不僅統一了國土，而且實行「車同軌，書同文」，統一度量衡，奠定了中國作為統一大國的基礎。然而，在宗教問題上，秦朝卻沒有實行統一，而是保存了各國的祭祀。

在中國古代，滅人之國，不廢人家的祭祀，是古老的傳統。據說商朝推翻夏朝時，就給了夏人的後裔一塊土地，使他們能夠依賴這塊地上的收入，保持自家的祭祀。周滅商，則把商人的後裔安置在如今商丘一帶，使他們保持自家的祭祀。我們在《詩經》中還可以看到的〈商頌〉，就是商的後裔祭祀自家祖先的頌歌。

這樣的制度，一直保持到清代。我們看《紅樓夢》，秦可卿臨死時告誡鳳姐，讓她多買祭田，就是因為即使將來獲罪，家產被抄沒，但祭田還是要保留的。這就是上古時代滅人之國、不廢人祭祀的傳統的延續。

秦始皇統一中國，也保持了這個傳統。他消滅了其他的諸侯國，但是還保存了他們的祭祀。直到漢代初年，這些祭祀還保存著。據《史記‧封禪書》記載，漢代初年所保存的各國祭祀有：梁巫，祠天、地、天社、天水、房中、堂上之屬。晉巫，祠五帝、東君、雲中君、司命、巫社、巫祠、族

人、先炊之屬。……。

　　梁，就是原來的魏國。梁巫祭祀的神靈中有天和地，也就是說，魏國原來曾經祭祀天和地。天，就是上帝。晉，就是韓國。晉巫祭祀五帝，也就是說，韓國當時曾經祭祀五帝。五帝，就是五位上帝。楚、燕、趙的情況不甚明瞭。可以推想，在祭祀上帝這個問題上，他們也不會落人之後。

　　秦朝的這些祭祀，直到漢初仍然保持著，說明中國古代寬容的宗教傳統。在這一點上，中國的宗教和基督教的情況大不相同。基督教要在某地傳播，一定要以代替其他宗教為前提。基督教不容許他的信徒既信基督教，又崇拜別的神。而中國傳統則允許你在祭祀自家神靈的同時，也可以信仰和祭祀別的神靈。理解這一點，是理解中國古代宗教問題的一把鑰匙。那種以基督教為模式，認為既然是宗教，就一定具有強烈的排他性，是把基督教一教的作法，當成了所有宗教奉行的原則。中國沒有這個傳統。即使秦始皇這樣的人，也不排斥別國的宗教。當他為求仙藥到了海邊的時候，還親自祭祀齊國的八神。

　　在這裏，也表現了中國人不同於別人的宗教觀念。在中國古人看來，神靈都是聰明正直的，只要你行善事，不論哪裏的神靈，都會保佑你。而在有些宗教中，僅僅把自己的神認為是神，所以自稱為一神教。所謂一神教，也只是把自己的神當神，而認為其他民族的神都是魔鬼。認清這一點，也是認清中國宗教問題的重要一環。

六、今人對孔子與上帝信仰的錯解

　　目前學界流行的意見是，孔子批判了以前的鬼神觀念，從而理性思潮獲得了勝利，而中國從此以後就步入了理性的時代，中國古代的主流意識，也不再信仰宗教。而中國古代，也被認為是個「非宗教國」。

　　在這樣一種觀念裏，可說蘊含著一系列的錯誤。

　　首先，它把孔子以前的思想狀況，看作是沒有、或者很少理性成分的鬼神觀念的統治。就像甲骨文中所反映的情況一樣，商代人就只知道用豐盛的祭品、頻繁的祭祀去討好神靈。其實，這種觀念未必符合商代的情況。人們之所以會有這樣的結論，是由於受甲骨文的影響太深。然而甲骨文記載的只是商代祭祀的狀況，祭祀以外的事情幾乎沒有記載，我們不可以此就斷定商代人只知道祭祀討好神靈，而沒有更高的思想。把孔子看作理性時代的開端，對孔子以前的思想發展水平估計偏低。

　　其次，對孔子的作用估計也不正確。孔子的思想，在當時並不受到重視。諸侯們大夫們忙於爭奪，根本不聽他的主張。認為經過孔子的批評，中國人從此就不再信仰上帝鬼神，是不可能的。

　　其三，對孔子的思想，認識也不全面。孔子一生以詩書

禮樂教人。孔子不像今天的大學教授，教的多是大家普遍認可的教材，自己任意挑選的餘地不大，教材中的思想，也未必是教者所信奉的。孔子是自己辦學，教材完全是自己選定的，教材中的思想是孔子所信奉的，所以他才用來教人。我們前面所引《尚書》、《詩經》中的上帝觀念，都是孔子所信仰的。這一點，常常被研究儒家的學者們所忽略。

其四，對《論語》的理解也不正確。人們認為《論語》中的一些話，表明孔子不信鬼神，並且由此認為一般儒者也不信鬼神。這樣一種認識，往往是近現代學者望文生義的結果，並不符合《論語》的原意，至少是不符合古代儒者對《論語》的解釋。

那麼，孔子對待上帝鬼神的態度究竟如何呢？

七、孔子與上帝鬼神信仰

被認為是孔子不信鬼神態度的集中表現，就是《論語》中那句「敬鬼神而遠之」。那麼，這句話到底是什麼意思呢？宋代著名的儒者程頤說，這句話的意思是，首先對鬼神要敬，其次是要能遠。所謂遠，就是按照禮制辦事，不要過度頻繁的祭祀。朱熹把程頤的意見當作正確的解釋。孔子是否如此暫且不說，起碼程頤、朱熹是這樣理解孔子的。程、朱是宋代以後儒者們的精神領袖，他們對孔子的理解，就是一般儒

者對孔子的理解。他們對待鬼神的態度，就是一般儒者對待
鬼神的態度。認為孔子和儒者不信鬼神，是沒有根據的。

　　還有那句「不知生，焉知死」。依照程朱的理解，也不是
說孔子對鬼神問題不感興趣，而是表現了孔子和儒者對待鬼
神的一般態度。這個態度就是，生與死，人與鬼神，是一個
道理。只有弄清如何對待活著的人，才能知道如何對待鬼神。
在我們看來，這樣的理解是完全正確的。這也正好說明，死
後的世界，不過是人世的投影。儒教，始終堅持了這樣的原
則。

　　在《論語》中，孔子自稱「天生德於予」（《論語·述而》），
這裏的天，就是上帝。也就是說，在孔子看來，是上帝賦予
自己以特殊的品質。在另一地方，孔子還說：

　　文王既沒，文不在茲乎？天之將喪斯文也，後死者不
　　得與於斯文也；天之未喪斯文也，匡人其如予何？（《論
　　語·子罕》）

這就是說，孔子認為，自己的生死，關係著上帝交付的使命。
他是明顯以上帝使命的承擔者自居。

　　不僅孔子自己以上帝使命的承擔者自居。當時的許多人，
也都把孔子看作上帝使命的承擔者。其中以儀封人的那句話
最有代表性。當孔子遭遇艱難的時候，儀封人求見孔子出來，
對孔子的弟子們說：你們憂慮什麼呢！天將要讓孔子來實行
他的偉大使命，你們憂慮什麼呢！

在古人看來，上帝如果賦予某人以重大使命，比如任命誰為天子，都會有一些重要的徵兆。比如管仲講過的出現比目魚、麒麟、鳳凰等等。然而孔子到了晚年，這些東西都沒有出現，孔子悲哀地歎息道，鳳凰沒有來，河圖也沒有出現，看來我的使命是完成不了。而且很不幸的是，孔子最好的學生顏淵也在他之前去世了。孔子哭得非常悲慟。他認為這是上天不讓自己的道往下傳了（「天喪予」）。

孔子，對上帝鬼神信仰保持了高度的虔誠，但他要求一切按照禮制行事，並且認為這才是對待上帝鬼神的正確態度。

八、上帝信仰與儒者的使命

上帝和人的關係是什麼？特別是作為儒者，為什麼要信仰上帝？是當時的中國人所關心的問題，也是今天的中國人應該弄清的問題。

據孟子說，《尚書》中曾經有這樣一段文字：「天降下民，作之君，作之師，惟曰其助上帝，寵之四方。」意思是說，上帝降生了下界的民眾，為他們設置了君主，也為他們設置了導師。目的是要這些君主和導師協助上帝，把上帝的恩惠送達四面八方。

在今天傳世的《古文尚書》中，也記載了這段文字，和孟子所說的略有區別，但大意一致。《古文尚書》經過後世儒

者們的考證，認為它不是古代的原始文件。但這段話曾經被
孟子轉述，並且記載於《孟子》一書，所以長期被儒者們所
信奉。

　　依照這段話的意思，就是說，民眾是上帝降生的，君主
和導師是上帝為民眾設置的。君主和導師的責任，就是協助
上帝，管理好上帝降生的子民，把上帝的恩惠送達到每一個
民眾。

　　這就清楚地說明，君主，乃是上帝任命的。古代文獻中
屢見不鮮的所謂「天命」，最重要的內容就是上帝為民眾任命
了君主。如果有誰說自己接受天命，那大半就是說，他自己
要做君主了。

　　與任命君主同樣重要的，是任命導師。依儒者所說，在
上古時代，君主也就是導師。但對於後世來說，導師就是儒
者的代表人物。孔子被尊為「至聖先師」，就表明了儒者的這
種作用。對於儒教來說，至聖先師絕不僅僅是現在所說的最
好的老師，而是上帝任命的、肩負教導民眾責任的人物。他
是上帝的使者，是上帝的代言人，是上帝和民眾之間的中介。

　　在上古時代，君和師的職能或許就是由一人兼任的。但
至少從春秋時代起，由於國家事務日益複雜，君主必須要有
一個良好的助手，已經成為社會的共同認識。秦朝在統治問
題上的失誤，除了其他事項以外，不設置導師，命令全國民
眾「以吏為師」，吏自然以君主為師，仍然是集君師於一人之
身，也是它統治手段的重要失誤。秦朝之後，漢代吸取了教

訓，開始在君主之外，尋找可以指導人們思想的導師。經過
摸索和實踐，終於確定了獨尊儒術的政策，也就是以孔子和
儒者為國家導師的政策。這樣，就把傳統的上帝鬼神信仰奠
定在儒家的學說之上。傳統宗教經過儒家學說的重塑，就成
為統治中國二千年的儒教。儒家學說對傳統宗教的重塑，重
要內容之一，就是對上帝觀念的改進和發展。

第三章

漢代的上帝信仰

漢代是傳統宗教向儒教轉換的時代，也是儒教的奠基時代。經過摸索和實踐，終於確定「獨尊儒術」，也就是以孔子和儒者為國家導師的政策，把傳統的上帝鬼神信仰奠定在儒家的學說上。傳統宗教經過儒家學說的重塑，就成為統治中國二千年的儒教。儒家學說對傳統宗教的重塑，重要內容之一，就是對上帝觀念的改進和發展。上帝觀念的進步，也是一般社會意識進步的表現。

　　漢代是傳統宗教向儒教轉換的時代，也是儒教的奠基時代。上帝觀念在這個時代中，發生了巨大的進步。上帝觀念的進步，也是一般社會意識進步的表現。

一、漢代初年的上帝信仰

　　傳說漢代開國皇帝劉邦在做老百姓的時代，曾經殺過一條白蛇。一個精靈傳話說，那蛇是白帝的兒子，劉邦是赤帝的兒子。我們知道，秦朝曾經把白帝作為自己的祖先，這顯然是說該由劉邦來代替秦朝。這則傳說很可能是劉邦的擁護者製造出來的，但它能夠傳播開來，說明當時的人們就是信仰上帝，而且認為上帝不只一位。

　　在秦朝末年的戰爭中，劉邦首先進入潼關，消滅了秦朝。後來，在和項羽爭奪天下的戰爭中，劉邦就注意整頓國家祭祀。有一天，他問大臣們說，過去秦朝祭祀的上帝都是誰？臣子們說，就是白帝、青帝、黃帝和赤帝。劉邦說，我聽說上帝有五位，為什麼現在只有四位？臣子們答不上來。劉邦說，我知道了，這是要等我把它們補足的呀。於是他修建了黑帝祠，命名「北畤」。並且下令說，我是非常重視祭祀的，那些應當祭祀的上帝和鬼神，都要按照規定進行祭祀。這樣，五帝，就成為漢代初年祭祀的上帝。依照當時有關文獻的介紹，這五帝就是黃帝、赤帝（炎帝或者神農）、青帝（伏羲）、

白帝（少昊）、黑帝（顓頊）。他們都是上古時代的君主。也就是說，上古時代那些最著名的君主，被秦朝和漢朝作為上帝進行祭祀。

祭祀這些上帝的時，不在一處。比如祭祀黃帝、炎帝的上時、下時在吳陽；祭祀白帝的時，一在上卦縣，一在鄜縣；祭祀青帝的密時在渭南。距離漢朝的京城長安都有數十數百里之遙。依照規定，皇帝應該親自祭祀上帝。但距離這麼遙遠，如何能夠實現？對祭祀制度實行改革成為勢在必行的事。

漢文帝當政時期，曾經親自到這些時中，祭祀五帝。可以想見，那將是一件多麼辛苦的事情。所以事前文帝就說，按照制度應該如何做，你們要實話實說，不要怕我勞累。話雖然是如此說，但勞累是無法避免。而且距離這麼遙遠，還不僅是勞累問題。曠日持久，勢必影響政事，甚至影響皇帝的安全。

就在文帝親自祭祀五帝的第二年，有個方士叫做新垣平的說道，他望見長安東北有神氣，應該在那裏建祠，祭祀上帝。於是漢文帝就在渭河北岸修建了五帝廟，祭祀五帝。後來，文帝又說，他有一天經過灞陵長門亭，望見路北好像站著五個人。有人說，那就是五帝。於是就在那裏修建了五帝的祭壇。這樣，祭祀上帝就可以在京城附近進行了。

漢文帝雖然進行了這些改革，但都是小修小補。在人們的心目中，距離長安遙遠的那些時，才是祭祀上帝的正式場所。要把上帝祭壇真正轉到京城，還需要做大量的工作。

二、五帝的位次及有關問題

五帝的名號起源於何時？今天已經無從查考。被尊為儒經的《周禮》中就有五帝的名號。漢代有些儒者認為，《周禮》是周公為周朝所制訂的禮，是周公時代所編定的。假如這個說法屬實，則五帝祭祀在周代初年就已經出現。但在當時，就有儒者表示反對，後來的儒者，多數也難以接受這個結論。不少人認為，《周禮》是戰國時代才出現的書。因此，說五帝是戰國時代才出現的觀念，比較可信。而且從晉巫祭祀五帝，劉邦說他聽說上帝有五位這些說法來看，五帝信仰在戰國時代當已經比較流行。不然的話，劉邦這樣不識幾個字的人就不會聽說這件事。

五帝都是上古的君主。五帝按照顏色劃分，也是受了五行思想的影響。依五行說，南方火，赤色；北方水，黑色；東方木，青色；西方金，白色；中央土，為黃色。所以黃帝居於中央，總管四面八方；其他各帝則依據自己的方位，各把一方。

那麼，各把一方的上帝與位居中央的黃帝是什麼關係呢？他們是否聽從黃帝的號令呢？依理而言，當然是應該聽從的。然而即使聽從，但他們畢竟都是上帝，其職位相當，所以難免會有各行其是之嫌。天上的情況是人間的榜樣。天上既然

如此，地上也就難免有人要與皇帝平起平坐，分庭抗禮。這
種情況，在漢朝建立之後不久就表現出來了。

　　先是淮南王劉安自稱「東帝」，即東方的皇帝。接著就是
漢景帝時期的吳楚七國之亂。七國之亂的首領，是吳王劉濞。
劉濞一面指責漢景帝的中央政權不該削弱諸侯的勢力，一面
也自稱「東帝」。這樣一種稱呼，顯然是要向中央政權爭取更
多的獨立地位，自由行動的權利。而在思想上，則顯然是得
到了當時宗教觀念的支持。因為天上就有五位上帝。地上為
什麼就不能有五位皇帝呢！

　　這樣一種狀況是不能長期持續下去的，持續下去，對中
央政權不利。於是，漢武帝宣佈獨尊儒術，並且在獨尊儒術
的同時，著手整頓上帝信仰。整頓上帝信仰最重大的成就，
就是創造了太一神。

三、上帝之首太一神

　　就在漢武帝宣佈獨尊儒術之後不久，山東亳州一位名叫
謬忌的人求見漢武帝。漢武帝接見了他，他對漢武帝說，天
上的神靈，最尊貴的是太一神。五帝，不過是太一神的助手。
古代的天子，春秋兩季都在京城東南郊祭祀太一。祭品是最
貴重的太牢。祭壇成八角形，面向八方，每一方都有一條通
道。要連祭七天。

　　漢武帝採納了謬忌的意見，在京城長安的東南郊為太一神修建了祭壇，並按照謬忌提供的方法進行祭祀。

　　太一這個概念曾經見於屈原的《九歌》，其第一首是〈東皇太一〉。歌詞唱道：「吉日兮良辰，穆將愉兮上皇。……」這個「上皇」，也就是東皇太一。顯然，這是楚國所祭祀的上帝，但並不是最高的上帝。因為既是東皇，就應該還有西皇、北皇、南皇等等。

　　此外，在《呂氏春秋》這部書中，也有「太一」的概念：「音樂……生於度量，本於太一。太一出兩儀，兩儀出陰陽……」，「道也者，……謂之太一。」（《呂氏春秋‧大樂》）但並沒有說太一是天上最尊貴的神。

　　那麼，謬忌說太一是天上最尊貴的神，有什麼根據呢？可說是根本沒有。那麼，他這個太一神是如何創造出來的呢？是根據楚國的傳統，把東皇太一提高之後獻給了漢家天子，還是把《呂氏春秋》中作為道的別名的太一塑造成了一位最高上帝呢？如今都無可查證了。而且，這個謬忌是個儒者呢？還是僅僅是個方士？也沒有其他文獻可以說明。文獻所載，謬忌一生事蹟，也僅僅是獻上了祭祀太一的方法，此後就銷聲匿跡了。

　　不過上面這些問題，不知也罷。我們能夠知道的是，漢武帝接受了謬忌的建議。太一神來歷如何，漢武帝也沒有深究。他需要一個最尊貴的天神出現，以幫助他從思想上鞏固國家的統一。來歷的明確與否又算得了什麼呢？

　　漢武帝採納謬忌建議,在京城南郊修建了太一祭壇以後,
又在甘泉這個地方，也就是傳說黃帝曾經接見眾神的地方，
修建了甘泉宮，在宮中修建了太一神的祭壇。太一神的祭壇
有三層。又按照各自的方位，修建五帝祭壇。負責祭祀太一
的神職人員穿的是最尊貴的紫色，並且繡有各種美麗的花紋
圖案。負責祭祀五帝的人員，則各按自己的方位，穿相應的
顏色的衣服。五帝，正式成了太一神的助手。漢家天子還做
出規定，太一神必須由天子親自祭祀，三年一次。

　　就在建成甘泉宮太一壇的這年冬至，武帝親自祭祀了太
一神。這天夜裏，大臣們都說，祭壇上出現了美麗的光輝。
負責祭祀事務的太史公司馬談、祠官寬舒說，這是神靈降臨
了啊! 神靈一定會保佑我們漢家，降福降祥。

　　從此以後，甘泉宮就成為漢武帝最重要的別宮，其中的
太一祭壇也就成為當時最重要的祭壇。漢武帝晚年，大部分
時光都是在甘泉宮中度過的。

四、上帝的形象及性質

　　五帝本就是人間的君主，所以漢文帝說他好像看到了五
個人。說明在他的心目中，這五位上帝都保持著人的形象。

　　五帝由黃帝居中，所以當時自然就是上帝之首。而有關
黃帝的故事，也就最多。在這些故事中，為人們所關心的一

個重大問題，就是黃帝本是人間的君主，如何到天上做了上帝？漢代的方士們為此創造了許多美麗的神話。

有一個叫做公孫卿的方士對漢武帝說，黃帝那個時代，諸侯上萬，後來得以成神的，有七千人。黃帝一邊進行戰爭，一邊謀求成仙。他怕有人誹謗修仙的行為，所以殺了許多誹謗鬼神的人。這樣，神靈才願意和他交往。黃帝曾經在雍地郊祭上帝，並在甘泉這個地方接見過八方神靈。黃帝又在首山這個地方煉出了銅，然後在荊山下面鑄成了鼎。鼎鑄成時，有龍從天上下來迎接黃帝。黃帝騎上了龍，臣子和後宮的妃子們有七十多人也都上了龍背，龍就飛起來了。那些小臣上不去，就抓住了龍鬚。龍鬚斷了，他們都掉了下來，黃帝的弓也一起掉了下來。百姓們抱著弓和龍的鬍鬚大聲地哭號，也沒有用處。他們哭泣的眼淚流成了河，河水聚集起來，成了湖。後來，這個地方被稱為鼎湖，那張弓被稱為烏號。

依照這個說法，黃帝能夠作上帝，是謀求成仙的結果。漢武帝聽後興奮極了，他大聲地喊道，好啊！假如我能夠像黃帝那樣，拋棄妻子不過就像脫掉一隻舊鞋！

依照方士的說法，則天上的黃帝就不僅是人的靈魂，而且是活生生的人，所以才引得漢武帝如此激動。

這就是漢代初年相當一部分人所持有的上帝觀念。

太一神出現之後，也被當成了成仙上天的人。

在《淮南子》和《史記·天官書》中都記載著，天上的紫微宮，就是太一神居住的皇宮。太一神旁邊的星星，有的

是太一神的公卿，有的是太一神的兒子。這樣，太一神又顯然是和黃帝等人一樣的、具有人的形象和性質的神。比如娶妻生子。

　　西漢末年，不少人還保持著這樣的觀念。王莽時代，出現了一幅「紫閣圖」。所謂紫閣，就是紫微宮。「紫閣圖」，就是紫微宮殿圖。古代的圖，一般都帶有對圖上內容的解說詞。「紫閣圖」的解說詞道：太一、黃帝，都是得道成仙以後上天的。並且在成仙之後，在崑崙山上召開了一個大型的音樂會。王莽那時，天下動亂，各地紛紛起兵反對王莽。王莽曾經援引「紫閣圖」的說明，要在終南山上召開大型的音樂會，希望以此來求得神靈幫助，消滅各地的反政府武裝。

　　但是另一方面，在儒者中間，對於上帝則持有另外一種觀念。

五、董仲舒的天人相副說

　　獨尊儒術的建議是董仲舒明確提出的。在提出這個建議的同時，董仲舒還表達了自己的上帝觀念。其中的重要內容之一，就是「天人相副說」。所謂天人相副，就是說天與人，也就是上帝與人，在形象上是相似的、相類的。人，是天的「副本」。

　　天人相副說不是由董仲舒開始的。在《淮南子》一書中，

就提出了天人相副的許多內容。其中說道，在所有的動物之中，人是最尊貴的。人的身體構造，和天是完全類似的。天有九重，人就有九竅；天有四季，四季分十二月；人就有四肢，並且分十二節。天有三百六十日，人就有三百六十節。天有風雨寒暑，人就有喜怒哀樂。人的耳目，就像天的日月；人的血氣，就像天的風雨。

在著名的《黃帝內經》中，也有天人相副的內容。其中說道，天有陰陽，人有夫妻；天有列星，人有牙齒；地有高山，人有肩膝；地有草木，人有毛髮；天有十二辰，人有十節。不足的部分，由生殖器補上。所以，人和天，是互相對應的。

到董仲舒，把這樣一種理論加以整理，提出了完備的天人相副說。董仲舒說，只有人的形象，可以和天地偶合。人的三百六十節，和天每年的天數偶合；人的形體骨肉，和地的深厚偶合。人的耳目聰明，和天的日月相類；人體的孔竅脈絡，和大地的山谷河流相像；人的五臟，和五行相副；人工作之後就要休息，和天的晝夜相副；人的有哀有樂，和天有陰陽相副。依董仲舒所說，天與人的相副，還有一個規則，那就是能夠以數量相副的，就以數量相副；不能以數量相副的，就以性質相副。這樣，他就不僅給天人相副提供了許多例證，而且提供了理論說明。

從天人相副說我們可以得出什麼結論呢？這個結論就是，在董仲舒那裏，被作為上帝祭祀和尊重的天，它的形象，就

是人們所看見的天的形象。用今天的話說，就是自然界的形象。或者說，董仲舒所說的天或者上帝，在某種意義上可以說，指的就是自然界。這樣的天或者上帝，沒有人的形象。董仲舒以他自己特有的方式，破除了神人同形的傳統觀念。

那麼，董仲舒這樣的上帝，是否就是西方的自然神論，是走向取消上帝的第一步呢？絕對不是。因為無論認為上帝或者天的形象如何，它是世界，包括人類社會的主宰這一點，沒有改變。並且在董仲舒看來，天時時刻刻關心著人間的事務，假如人，特別是皇帝，做了好事，就會受到天的表彰。表彰的方式，就是降下祥瑞，即人們感覺美好、有益的事物。假如人，特別是皇帝，做了壞事，就會受到天的責備。責備的方式，就是降下災異，即人們討厭的、對人有害的事物。這就是董仲舒的天人感應說。

六、董仲舒的天人感應說

漢武帝做天子不久，就召來許多儒者，詢問怎樣才能得到上帝的保佑，把天下治理好。漢武帝說，從古以來，君臣們都想把天下治好。但是能夠治好的卻寥寥無幾，以致王道大壞。這是什麼原因呢？是天的命令一旦形成就不再改變呢，還是由於他們自己沒有做好？人的兢兢業業、勤勞辛苦，力求按照正確的原則行事，有什麼用呢？

　　董仲舒的回答最令漢武帝滿意。董仲舒說，天的命令不是一成不變的，問題在於人們的行為如何。人不僅應該兢兢業業、勤勤懇懇，而且更重要的是按儒家的三綱五常行事，這樣就一定會得到天的保佑。

　　董仲舒說，天是非常仁慈的，它絕不隨便就給人降下災禍。當發現人有某些過錯的時候，天就降下一點小的災難加以警告。人，這裏主要指君主，如果能夠改正錯誤，那麼，天就會收回這些災難。比如日食不食了，大風停止了，暴雨不下了等等。如果人不加以改正，那麼，天就可能降下更大的禍害。比如地震、山崩，久旱不雨，洪水滔天等等。如果在這種情況下人還不知道改變，那麼，天就會使他歸於滅亡。

　　在講述了這樣一套理論之後，董仲舒總結道，由此可見，天是非常仁愛君主的。只要不是非常大的過錯，天都希望君主加以改正。所以，問題在於人的行為如何。如果人能夠按照儒家的原則行事，天就絕不會讓他滅亡。

　　把董仲舒的學說和基督教的《舊約》相比較，我們就會發現，儒教的上帝具有非常仁慈的心腸。在《舊約》中，上帝往往因為人有一點小的過錯就整批地殺人，甚至無緣無故殺死那些並沒有過錯的人。但儒教的上帝不是這樣，它絕不會殺死那些無辜的人。即使有了錯誤，它也要先進行教育，給人改正的機會。只有在屢教不改的情況下，上帝才會讓他滅亡。

七、天人感應說在漢代的地位

　　天人感應說是董仲舒的學說，但不是他的向壁虛構，而是他在吸收前人成果的基礎上提出來的。在傳統宗教中，人們就認為，各種天象，比如行星的運行，日月的交替，日食月食，流星彗星等等，都是上帝意志的表現。古人把這稱為「天垂象，見吉凶」。就是說，上帝出示了各種現象，給人指示著吉凶。但是在古人的心目中，這些天象只是上帝意志的表現，未必與人的行為好壞有關。到了漢代初年，儒者們，包括著名的陸賈、賈誼；和一些未必是儒者的人們，如《淮南子》的作者們，都認為那些天象是對人的行為善惡的反應。不過他們不敢說人的每一行為都會使上帝做出反應。董仲舒和他們的不同之處，就在於他堅定地認為，人的一切行為，都會引起天的反應。而且這種反應就像立竿見影，拍手有聲一樣，有感必應，而且沒有一點差錯。是的，上帝無所不知，無所不能，怎麼會有差錯呢。

　　漢代儒者，普遍接受了董仲舒的主張。他們認真地觀察著自然界的事物，只要有一點異常，他們就要去推測其中的天意，向皇帝彙報。

　　天人感應思想被儒者們帶到了對經書的解釋之中。比如對於《尚書》，在漢代儒者們看來，《尚書》中的〈洪範〉篇

具有特殊重要的意義，其中講到了「休徵」和「咎徵」。所謂
休徵，就是董仲舒說的祥瑞；咎徵，則是董仲舒說的災異。
於是，《尚書》學的大師們主要講的也是什麼樣的行為會得到
上帝的表彰，什麼現象是上帝的表彰；什麼樣的行為會受到
上帝的批評，什麼現象是上帝的批評。他們依照〈洪範〉篇，
把世界上的事物分為金木水火土五類，把人的行為也分為五
類，和五行對應。假如某一類事物發生了異常變化，就是人
的某種行為所引起。

　　比如說，君主過度玩樂，或者在農忙時節徵調民力，都
屬於木類。這樣的行為會引起木類事物的變異，比如樹木結
上冰甲。拋棄法律，驅逐功臣，屬於火的一類。假如有這些
行為，就會引起火災，如此等等。一部〈五行志〉，把董仲舒
的天人感應思想系統化了，定性化了，是天人感應思想的發
展和具體化。其他儒經經師，也都要從他們所讀的儒經中，
比如《詩經》、禮經等等，找出類似的內容，加以解說或者發
揮。從他們的解說和發揮中，可見天人感應思想在儒教中影
響之深。

　　天人感應思想起初主要是講給皇帝聽的，目的是要皇帝
認真按照儒經的教導行事，用儒家的思想來治理天下，事奉
上帝。但是後來又擴大到大臣。比如說，當日食的時候，儒
者們就認為，這是「陰侵陽」。因為日為陽，日被食，入侵者
自然是陰。陰侵陽，是上帝對人事的反應，說明人間發生了
陰侵陽的事件。人間的陽是誰呢？首先是皇帝。相對於皇帝，

臣就是陰。這時候，就要追究某位大臣的責任。通常是追究宰相或者太尉的責任。罷免他們，甚至把他們殺掉。這些大臣們大多都是儒者出身，他們堅定不移地相信天人感應思想，也認為自己的責任就是「調和陰陽」，即讓天地之間風調雨順，寒暑均平。假如發生了暖冬或者早寒，冬雷或是夏霜，地震或是日食等等，他們也自認為是自己的責任，並且往往要引咎辭職，甚至以自殺來回答上帝的批評。

有一則著名的故事道，宰相丙吉外出，路上碰見兩夥人毆鬥，死傷許多，他不管不問。後來看到一頭拉車的牛呼呼喘氣，卻立即派人詢問。部下問他，為什麼死了人他都不管，牛大口喘氣卻要詢問？丙吉說，打架鬥毆，是京城長官的事，我可以不管。協調陰陽，是宰相的責任，現在是初春，天氣不應很熱。假如牛是長途勞累，就是陰陽相互協調；假如是因為天氣炎熱，那就是我的責任了，所以我要詢問。丙吉的事蹟，曾經長期被作為一段佳話。這件事，不僅說明天人感應影響之深，而且也向我們說明，作為上帝的商代的祖先們，確實可以命令刮風下雨。

八、感生帝說

人們常常說，基督教講上帝造人，中國沒有這樣的思想。然而，我們前面引證的孟子援引《尚書》所說的「天降下民」，

和上帝造人乃是相類似的思想。不過基督教的上帝是從無中創造了人，中國的天降生下民，則是從上帝與人的血緣關係所得出的推論。

　　前面我們已經講到，商代的上帝，就是王室的祖宗神。而君主也自稱天子，那麼，他們就是上帝的子孫。上帝既然可以稱天，那麼，說天降下民，其意義也是一樣的。

　　在這一點上，中國古代和其他民族古代的情況有著類似的情形。比如在古希臘神話中，人們看到一個英俊少年或者美貌女子，往往懷疑他們是不是神的子女。而且在當時希臘人的心目中，也只有神的子女，才能做國王。在基督教中，事實也有這樣的思想。《舊約》和《新約》中，也都認為只有「上帝的子女」，才有資格做國王，統治別人。

　　在司馬遷作《史記》的時候，人們普遍認為，從黃帝以下，每一個朝代的統治者，都是上帝的子女。當時的上帝既然是黃帝或者炎帝，那麼，歷代王室的血統也都應該追溯到黃帝那裏。從《史記》中，我們可以很清楚地查到，堯是黃帝的幾代孫，舜、禹又是黃帝的幾代孫。夏、商、周，一直到秦，都有高貴的黃帝血統。比如秦，雖然漢代人對秦朝的政治多有批評，但司馬遷在〈秦本紀〉開頭就寫道：「秦之先，帝顓頊之苗裔。」後人的注解，說顓頊就是高陽氏，黃帝之孫。假如有人讀過《離騷》，定會記得那第一句：「帝高陽之苗裔兮，朕皇考曰伯庸。」假如這些說法都是真的話，則屈原，還有楚國的王室，和秦朝的皇室，原本都是一個祖先。

　　大約從這時候起，「炎黃子孫」的觀念逐漸形成了。其實，就其實際而論，在當時，所謂炎黃子孫，主要指的是歷代天子家族的血統。其他人則未必是炎黃子孫。

　　但是後來情況變化了。這個變化的開端，應該是劉邦作了天子。這件事，在當時人們的思想上引起了非常大的震動。司馬遷寫《史記》，考察了全部歷史後發現，歷代天子，不僅都是炎黃子孫，而且都經過了長期的奮鬥和努力，才獲得了全國政權。但是劉邦在他父親一輩，血統就不明了。劉邦的父親，連個名字也沒有，就叫「劉太公」。在今天，也就是劉老漢。所以肯定不是什麼高貴血統。不是高貴血統，也沒有長期奮鬥的歷史，為什麼就能做天子、獲得全國政權呢？或者說，上帝為什麼保佑他做了天子呢？司馬遷作《史記》，目的是要「究天人之際」，即弄明白天和人到底是什麼樣的關係？這件事，使他大惑不解，最後，他只能認為，這大約是上帝派來的大聖人，否則怎麼可能在如此短的時間之內就做了天子呢？

　　但是，上帝為什麼派他來做天子，而不派別人呢？單是「大聖人」三個字仍然不能消除人們心中的疑問。這時候，儒者們提出了「感生帝說」。所謂感生帝說，就是說，聖人，在這裏主要指天子，都是無父而生，他們都是母親感受了某位上帝的精氣而降生的。提出這樣說法的，有注釋《詩經》的儒者，也有注釋《春秋》的公羊派儒者。當時注釋《詩經》的儒者有好幾派，但在這一點上，他們則完全一致，都認為

聖人是沒有父親的，他們的父親，就是某位上帝。《春秋》公
羊派是漢代最重要的經學派別，因為董仲舒就是公羊派儒者。
所以這樣一種說法就成為漢代儒者的主流意見。到了東漢，
當鄭玄在注釋儒經的時候，就更加廣泛地傳播了這種思想。
依鄭玄說，則聖人都是他們的母親感受了太微垣中五帝的精
氣而降生的。

感生說的出現，給劉邦這樣的血統難以查考到某位上帝
的天子找到了一個比較抽象的、也無法查考的血統。傳統的
觀念保留下來了，但由具體的血統變成了抽象的血統。在宗
教觀念的演進中，這是一種普遍的現象。起初是某種具體的
關係，後來隨著時代的變化，就逐漸成為抽象的關係。

在天子和上帝這種抽象的血統關係之上，董仲舒提出了
人和天的一種更加抽象的關係。

九、董仲舒的天祖天父說

王者既然是上帝之子，上帝可以稱天，那麼，上帝之子
就是天之子，而王者稱為天子，也由來已久。這種名稱的互
換，為儒者們發揮自己的思想提供了一個比較自由的空間。

在漢代以前，人們在天子是上帝之子的觀念之外，還從
對事實的觀察中得出一個觀念，這就是「天地生物」，即一切
生命都是天地降生的。比如正是天上的陽光雨露，使各種生

命蓬勃發生。假如沒有它們，生物就要死滅。當然，單是陽
光雨露還不行，還必須有大地的配合。大地上的土壤使植物
能夠生長，而動物的食物，歸根到底也是來自植物。大地，
是生命產生和保持的第二條件。於是，就在思想家那裏形成
了「天生萬物」、「天生地長」等等類似的觀念。

人也是生物之一。天生萬物，自然也包括生人。在古人
的心目中，天生萬物並不是個自然的過程，至少在相當一部
分儒者之中，這不是一個自然的過程，而是天的有意創作。

在這樣一種思想背景下，董仲舒提出了天祖天父說。

董仲舒認為，天與人相副，這是由於人是天生的。人的
形體，是天數的化生；人的血氣，是天志的化生；人的德行，
是天理的化生；人的喜怒，是天有寒暑的化生。所以，人才
得以和天相似。由此出發，董仲舒得出結論說：「天亦人之曾
祖父也。」

天是人的曾祖父，這是董仲舒對天與一般民眾關係的解
說。所謂曾祖父，當是力求說明天與一般民眾關係的疏遠。
其意義只是說明，人的生命，歸根到底，是來源於天地。而
從天地到人，則經過了許多個環節，經過了較為漫長的化生
過程。

但天對於天子，其關係就另當別論了。董仲舒說，皇帝
之所以稱為天子，是由於他的德行：

德侔天地者稱皇帝。天佑而子之，號稱天子。故聖王

生則稱天子。……(《春秋繁露·三代改制》)

依董仲舒的解釋，則所謂天子，並不是血統意義上的上帝之子，而是某人的德行高尚，做了皇帝。天佑他，就把他當成兒子。

依董仲舒所說，天不是人形的神；天子也不是血統意義上的上帝之子，而是天對德行高尚而為皇帝者的「收養」。這樣一來，像劉邦匹夫而為天子也就可以得到圓滿的解釋，而不必一定要尋出他的高貴血統。

董仲舒時代，兩種上帝觀念在儒者中並列地存在著。董仲舒以後，這兩種上帝觀念仍然在儒教中各行其政。一般說來，把天、上帝視作和人不同形的抽象存在，多存在於上層儒者之中。在一般民眾中，也包括一部分上層儒者，往往把天、上帝看作和人具有同樣形狀的存在，這就是所謂神人同形論。依董仲舒所說，則不必尋找皇帝和上帝的血緣關係，只要德行高尚，天就會保佑他，並且認他為子。但總是有另外一種意見，一定要為當時的皇帝尋找一個上帝的血統。越到後來，隨著社會意識的發展，那神人不同形、天子不是血統意義上的上帝之子的觀念日益得到更多儒者的承認，並且逐漸取代了神人同形、天子有上帝血統的上帝觀。不過在儒教中，這兩種觀念沒有發生直接的爭論，而是在一種此消彼長的情形下和平過渡的。這一點，和基督教不同。在基督教中，和人不同形的上帝代替和人同形的上帝觀念，曾經進行

了長期而激烈的直接爭論。

十、董仲舒的祭天論

由董仲舒的上帝觀念我們可以推定，他說的天或者上帝，指的就是自然界。然而在他的觀念中，這個自然界就是至上神，就是世界和人間禍福的主宰。它能賞善，也能罰惡。它是人的曾祖父，也是皇帝之父。所以，皇帝必須認真地祭祀它。

董仲舒認為，天子不可以不祭天，就像人不可以不供給父母食物一樣。從董仲舒的論證中我們可以看到，中國古代的祭祀，實際上其他民族的祭祀也是一樣，其主要目的就是供給鬼神食物、衣服和其他生活用品。假如天子不祭天，就像某人不供給他父母食物。不供給父母食物就是不孝，天子不祭天也是不孝。對於不孝的兒子，父母就不會愛護；對於不孝的天子，天也不會保佑他：「今其為天子，而缺然無祭於天，天何必善之！」（《春秋繁露·郊祭》）

董仲舒認為，天把某人立為天子，就表明天要保佑這個家族。假如天不保佑這個家族，天也不會把他立為天子。天把某人立為天子，也就是希望那人能夠盡到做兒子的責任，用兒子對待父親的禮儀對待上天。按時祭祀，以保證上天的需要。

　　當時有人曾經主張，現在許多百姓還很貧困，甚至饑寒交迫，是否可以暫時不要祭天，因為祭天的耗費太大了。董仲舒激烈反駁這種言論，認為這是最大逆不道的說法。董仲舒說，天子把天當作父母一樣對待，而把民眾當作子孫對待。認為民眾不得溫飽就可以不必祭天，這就等於說兒孫還沒有吃飽就不要讓父母吃飯。這是絕對不可以的。

　　中國古代的孝道，在祭天問題上也表現出來了。

　　董仲舒認為，在所有的祭祀之中，祭天是最重要的祭祀。天，是「百神之大君」。不祭天，不可以祭祀其他小神。祭天的禮儀不完備，祭祀其他小神也沒有什麼益處。

　　董仲舒的祭天理論，奠定了儒教祭天理論的基礎。

十一、上帝觀念的初步抽象化

　　董仲舒以後，儒教的上帝觀念進一步向著抽象化的方向發展。首先，儒者們給五帝重新命名。據《春秋緯‧文耀鉤》，則五帝的名稱是：

　　東方蒼帝（或青帝）靈威仰，
　　南方赤帝赤熛怒，
　　西方白帝白招矩，
　　北方黑帝叶（也寫作「汁」，讀「協」。）光紀，

中央黃帝含樞紐。

而在其他文獻中，還有另一套名稱。它們是：

> 東方蒼帝靈府，
> 南方赤帝文祖，
> 西方白帝顯紀，
> 北方黑帝玄矩，
> 中央黃帝神斗。

這些名稱，和原來的青帝伏羲、白帝少昊就完全脫離了關係。
這是漢代儒者企圖使上帝擺脫上古君主原型的第一步。也就
是說，在漢代這部分儒者的心目中，他們所祭祀的上帝不是
上古的君主，而是真正的、天上的帝。

　　這樣的上帝，既然不是上古的君主，也就更不會是肉身
成仙上天的人。到了西漢末年，王莽當政。王莽本是個精通
儒學的儒生，在他的領導下，以國家的名義重新確定了上帝
的稱號。經王莽確定的五帝稱號是：

> 中央帝，黃靈后土；
> 東方帝，太昊青靈勾芒；
> 南方炎帝，赤靈祝融；
> 西方帝，少昊白靈蓐收；
> 北方帝，顓頊黑靈玄冥。

把五帝的名號中都加上了一個「靈」字，表明在王莽以及當時的儒者看來，所謂五帝，乃是一種精神的存在。這是儒教上帝觀念的重大進步。

在五帝之上，還有一個太一。太一神的出現，在儒教的經典上沒有根據，於是王莽根據儒經，在太一之前，加上了從儒經中找來的名號「皇天上帝」，成為「皇天上帝太一」，作為上帝中間的最尊貴者。然而王莽做皇帝時間不長，就被劉秀代替了。劉秀也是個精通儒經的儒生。在劉秀為當皇帝祭告天地的時候，就乾脆去掉了後面的「太一」二字，只保留了儒經中的上帝名號「皇天上帝」。

董仲舒建議獨尊儒術，首先把上帝的性質儒教化，說上帝是喜歡仁義禮智等三綱五常之道的，君主只要按照三綱五常去做，就一定能夠得到上帝的保佑。現在，儒者們又把上帝的名號儒教化了。中國傳統的上帝信仰，就這樣一步一步按照儒者們所規定的方向不斷發展。

十二、上帝祭壇向京城遷移

漢武帝之後，祭祀鬼神成為國家一個沉重的負擔。皇帝或者皇后、太子死去，要在京城建廟祭祀。他們的陵墓之上，也要建廟祭祀。那些大有作為的皇帝，比如劉邦、文帝、景帝、武帝，凡是他們到過的諸侯國，都要建廟祭祀。到漢元

帝時代，京城所建的祖廟，有 176 所；各諸侯國的祖廟，167
所；墓地所建的所謂陵寢，30 所。這近 400 所廟宇中，有衛
士 45129 人，神職人員以及樂隊 12147 人。還不包括飼養牲
畜的人數。對於總人口不足五千萬的當時的漢朝政權，這是
一個沉重的負擔，而且以後還要增加。在這國家不堪重負的
情況下，宰相韋玄成堅決主張採納儒者貢禹的建議，依照儒
經「天子七廟」的規定，廢除了絕大部分宗廟。雖然經過數
次反復，終於得到了執行。

　　在改革宗廟祭祀之後，儒者們自然想到了天地神靈系統。
這是一個比宗廟系統更加龐大的祭祀系統，其所用人力物力，
規模也更加宏大。特別是上帝的神廟都建在京城之外數百里
的所謂郊外，如果要去祭祀，單是路途上的耗費，就是不堪
忍受的沉重負擔。於是，那個少時貧窮、曾經「鑿壁偷光」
苦讀詩書，後來終於成名的丞相匡衡上書，要求改革祭天的
制度。其理由一是路途艱險，山谷河流縱橫。二是費用太大，
百姓不堪負擔。他從《禮記》中找到了「兆於南郊就陽位」，
認為這就是應把祭天處所放在京城南郊的證明。

　　匡衡的建議交給百官討論。八人反對，五十人贊成，於
是建議通過，在京城南門之外新建了上帝祭壇，雍地原來的
上帝祭壇，就任憑它們損壞了。

　　在修建祭壇的時候，匡衡又援引崇尚質樸的原則，認為
過去的神壇太華麗，與經書要求不合，應該改進，為新建的
祭壇又減少了許多費用。匡衡的理由是，祭祀神靈，最重要

的是心靈虔誠，而不在於祭品的眾多和祭壇的豪華。這也是從孔子以來儒者們一貫堅持的基本原則。

　　和雍地上帝祭壇被廢除的同時，雍地還廢除了 188 所不合規定的神廟，京城附近被廢除的神廟則有 475 所。經過這次整頓，儒者們又進一步把當時的國家祭祀置於儒經原則的基礎之上。

　　廢除這些祭壇的第二年，由於漢成帝沒有兒子，大風又刮倒了原來甘泉宮中的大樹，皇太后認為這是上帝發怒，下令恢復雍地的上帝祭祀。恢復以後成帝仍然沒有兒子，漢成帝死後，皇太后又下令廢除雍地神壇。繼位的漢哀帝疾病纏身，就又恢復了被匡衡廢除的近 700 所神壇。後來漢平帝繼位，王莽當政，才又堅持匡衡的主張，把祭天神壇建在京城附近。

　　經過這許多次反復，儒教在南郊祭天、北郊祭地的原則終於確定下來。東漢劉秀做皇帝，堅持了由王莽確定下來的制度。以後的儒教國家，大體上也都遵循了這樣一個原則。

十三、鄭玄「六天說」

　　當年謬忌建議祭祀太一，並且把太一說成最尊貴的上帝，就在五位上帝之外又加上了一位，使上帝的數量增加到了六位。從匡衡到王莽，雖然改進了祭祀上帝的處所，卻仍然保

持著六位上帝的祭祀。東漢儒者鄭玄，仍然堅持天上有六位
上帝的傳統，被稱為「六天說」，即六位上帝，並且六位上帝
都可以稱為天。

　　但是這六位上帝是誰？鄭玄的說法與漢代前期卻有重大
的不同。

　　在司馬遷作《史記》的時候，人們還都認為，天上，就
是上帝的住所。具體住在哪裏呢？依《史記‧天官書》，則紫
微宮是太一神的居所：「中宮天極星，其一明者，太一常居也。」
天極星，就是北極星，也叫北辰。依《史記》所說，這北極
星似乎是太一神所居住的地方。

　　被稱為上帝「南宮」的太微垣，其中有五顆星，被認為
是「五帝坐」，即五帝的坐位或者居所。但是到了鄭玄，這些
說法就有了變化。

　　鄭玄認為，紫微宮中的北極星，就是儒經中所說的「昊
天上帝」或「皇天上帝」，或者「天皇大帝」。它的名字叫做
「耀魄寶」。是上帝中最尊貴者，是上帝的首領。其他五位上
帝分別是：

　　　　東方，蒼精之帝，名叫靈威仰，陪同上帝接受祭祀的
　　　　是太昊、勾芒；
　　　　南方，赤精之帝，名叫赤熛怒，陪同上帝接受祭祀的
　　　　是炎帝、祝融；
　　　　西方，白精之帝，名叫白招矩，陪同上帝接受祭祀的

是少昊、蓐收；

北方，黑精之帝，名叫汁光紀，陪同上帝接受祭祀的是顓頊、玄冥；

中央，黃精之帝，名叫含樞紐，陪同上帝接受祭祀的是黃帝、后土。

其中所謂蒼精、赤精之類，就是王莽所說的「靈」；靈威仰、赤熛怒等名稱，來自緯書，是西漢末年儒者們的創造；太昊、炎帝等，本是由上古人間的君主被尊為上帝，此時成為上帝的陪同者。勾芒、祝融等原本是所謂五方神，是陪同太昊、炎帝等上帝的神靈，此時仍然是陪同上帝的神靈。這樣，以往的神靈觀念在鄭玄這裏得到了整理，也得到了改造。這種改造的最重要之點，就是把上帝說成是天上的星星。六位上帝，就是天上的六顆星星。其中最尊貴的是北極星，為上帝之首。

至於當時的東漢政權，其對上帝的觀念和鄭玄又略有不同。他們仍然繼承王莽確定的上帝名號，認為五帝的名字分別是勾芒、祝融、黃帝、后土、蓐收、玄冥。而在上帝有六位這個問題上，則和鄭玄一致，或者說，是鄭玄和當時的國家祭祀制度一致。

漢代以後，六天說遭到了反對。

第四章

魏晉南北朝時代的上帝信仰

魏晉南北朝時代的上帝信仰，最重要的事件就是王肅反對鄭玄的六天說，而主張天只有一個，也就是上帝只有一個。五帝，不能作為上帝看待。五帝的地位進一步降低了。其另一重大事件，就是上帝的名稱逐漸固定為「昊天上帝」。昊天上帝作為儒教至上神的正式名稱，一直保持到封建制度的終了。第三項重大事件，就是正式祭祀感生帝。

魏晉南北朝時代的上帝信仰，最重要的事件就是王肅反對鄭玄的六天說，而主張天只有一個，也就是上帝只有一個。五帝，不能作為上帝看待。五帝的地位進一步降低了。其另一重大事件，就是上帝的名稱逐漸固定為「昊天上帝」。昊天上帝作為儒教至上神的正式名稱，一直保持到封建制度的終了。第三項重大事件，就是正式祭祀感生帝。

一、三國鼎立時代的上帝信仰

三國鼎立，魏國佔據了中原，實際上繼承了漢代的統治，但是他們不認為自己是繼承漢代而來，所以修改了漢代的許多制度，包括上帝的名稱。

在魏代儒者看來，漢代的許多制度是不合規矩的。比如祭天的神壇。他們認為，儒經上說，祭上帝是在「圜丘」之上。圜丘，應是自然的山丘，而不是人工修建的土壇。為了嚴格按照儒經的規定行事，他們把洛陽城南的委粟山加以修整，建成了圜丘。同時，繼續保持著漢代在京城南郊祭天的神壇。為了和漢代有所區別，他們把圜丘之上所祭的上帝稱為「皇皇帝天」，而把京城南郊所祭的上帝稱為「皇天之神」。

曹丕在中原稱帝，以禪讓方式取代了漢朝統治以後不久，劉備也在四川自稱皇帝。劉備雖然是經過自己長期艱苦奮鬥爭來的政權，但他自認為是繼承了漢家天下，所以他所祭的

上帝仍然是漢朝的名號，稱為「皇天上帝」，並命令諸葛亮在成都修建上帝祭壇。

　　鼎立的三國之中，最後稱帝的是吳國的孫權。孫權也不認為自己是繼承漢朝政權，所以他給自己的上帝命名為「皇皇后帝」。

　　從三國時代上帝的名號，我們還可以看出，戰國之前，雖然各朝各代各國似乎都信天主、上帝，但他們的天主、上帝應該不是一個，而是各自以自己的先祖或者崇拜的什麼人作為上帝。三國時代上帝名號的不同，不過是上古時代上帝信仰狀況的餘波。

　　然而，三國時代，畢竟是經過了秦漢長期統一的時代。人心嚮往統一，不嚮往分裂。劉備的政權如諸葛亮所說，是「漢賊不兩立」，以推翻魏國政權為己任。在他們看來，保持對皇天上帝的祭祀，就是保持漢代政權的存在。但是孫權的情況和他們二家都不相同。孫權既不能自認為是代替漢朝天子的新的有德者，也不以恢復漢朝統治為己任，所以孫權在祭天的問題上，勇氣最為不足。他僅僅在即位大典時不得不祭祀上帝。即位之後，他，還有他的子孫們，就再沒有祭祀過上帝。這不是他們不信仰上帝，而是他們認為，自己祭祀上帝的資格不夠。孫權本是孝廉出身，就是說，是個標準的儒者。在他看來，根據儒經，祭祀上帝，只能在大地的中央進行。而當時所認為的大地的中央，就是以洛陽為中心的中原地帶。孫權對祭天的觀念，也是當時許多儒者的觀念。這

個觀念，像一根無形的繩子，牽著所有炎黃子孫的心。使他
們的心歸向一處，不管經過多少曲折，他們最終都要圍繞著
這個中心，匯集一處。儒教的上帝觀念，對於中華民族的形
成和統一，發揮了極其重要的作用。

二、河圖、洛書——上帝對君主的任命書

河圖、洛書是儒教中的一個非常具有特色的宗教問題。
這個問題在最近幾年中被各種各樣的人物攪得亂糟糟的。

最早記載河圖的文獻，是《尚書・顧命》篇。說是周成
王死，周康王繼位。在登基大典上，陳列的寶物中，有一件
是河圖。但河圖是什麼東西，什麼樣子？沒有說明，後人也
再沒有見過。孔子晚年，也曾經提到過河圖。說是黃河裏不
再出圖了，他感到非常悲哀。此外，先秦的許多文獻中，如
《墨子》、《易傳》、《呂氏春秋》，也都以不同的語言記載了有
關河圖的事。《易傳》中還提到了洛書。但河圖、還有洛書，
究竟是什麼樣子？誰都沒有說明。

到漢代，河圖出現了。從現在所見到的材料看，漢代儒
者對於河圖的意見有兩種，一種認為河圖就是八卦，洛書就
是《尚書・洪範》篇前面的六十五個字。另一種意見說，河
圖、洛書都是一本書。河圖有九篇，洛書有六篇。仿照當時
為儒經作緯書的風氣，儒者們為河圖、洛書也都作了緯書。

緯是對經而言，是對經書的注釋。在這部分儒者之中，是把河圖當成了經。

漢代的九篇河圖和六篇洛書，在唐代初年還存在。據唐初儒者們寫的《隋書・經籍志》，則河圖、洛書所記載的，都是上帝的指示。河圖的緯書，則是歷代聖人對上帝指示的注解。上帝指示什麼呢？就是指示該由誰做皇帝：「易代之徵」，即改朝換代的事。

正因為是這樣的事，所以東漢劉秀做皇帝以後，為了說明自己做皇帝的合理性，就在到泰山封禪的告天祭文中，多次援引河圖，說明自己做皇帝是上帝的意思。

在劉秀做了皇帝之後，又援引河圖來作證明。漢朝滅亡的時候，曹丕要做皇帝，於是就鼓動一般大臣，紛紛援引河圖，說明上帝已經任命曹丕為皇帝，漢家天子應該讓位了。而繼曹丕之後，劉備的大臣們也援引河圖，說明上帝已經任命劉備為新的漢家天子。

曹氏皇帝做到第二代，忽然有一天，在甘肅張掖縣黃河流經的一道山谷裏，在一塊大石頭上出現了一張圖。上面畫的有星象，也有人物，有幾匹馬，還有八卦。文字有幾十個，意思不連貫。其中有「金」、「馬」等字，最重要的是「大討曹」三字。有人把這件事報告給皇帝。皇帝姓曹，討厭「大討曹」三個字，命人把「討」鑿成「計」字，據說第二天就又恢復了原樣。曹魏的臣子們說，這就是當年陳列在周康王登基大典上的河圖，是曹魏接受天命的象徵。但也有人私下

說，以往都是上帝的任命書先出世，然後有皇帝。現在已經做了皇帝，還出什麼任命書？這還不知道是給誰家的任命呢！不久，司馬氏就代替曹氏做了皇帝。那麼，這樣的河圖也就是給司馬氏的任命書了。

河圖是這樣一種性質，所以那些想做皇帝的人往往製造這樣一件東西，以說明自己做皇帝是合理的。而當他做了皇帝以後，就要制止別人也這樣做。所以後來，朝廷就加強了對河圖之類書籍的控制。凡是發現民間有這種東西，一律禁止、燒毀。到隋唐時代，這種禁止就更加嚴厲。唐代初年儒者們所見到的，僅僅是國家圖書館中還藏的一份。唐代以後，連國家圖書館裏藏的這一份也不見了。

河圖，還有洛書，是儒教天子接受上帝任命的任命書，是儒教至上神表達自己意志的特殊形式。

三、王肅「一天說」和鄭玄「六天說」之爭

王肅是漢末名臣王朗之後。王朗在《三國演義》上被諸葛亮痛罵一頓而死，是個無能又無聊的角色。不過那只是小說，不可作為史實看的。實際上，王朗是個很有才能的儒者。他的兒子王肅繼承了他的事業，在儒學上獲得了更深的造詣。

漢朝前期，在秦朝焚書之後，儒者們沒有書讀。許多書籍只能靠背誦傳播。至於經中的內容是什麼意思，更是只能

聽從老師的解說。在這種情況下，大多數人終生只能通曉一
部儒經。後來，儒經的傳播逐漸普遍，書寫方式也有了改進，
儒者們一人兼通數經的情況逐漸多了起來。到東漢末年，鄭
玄一人就精通幾乎所有的儒經。所謂通曉，就是不僅熟悉經
文，而且瞭解各家對經文的注釋。在這種情況下，鄭玄就把
所有的儒經都重新作了注釋。這些注釋因為吸取了在他以前
儒者的成果，所以極其寶貴，也為後代的儒者所特別重視。
他的許多注釋，一直保存到今天。

　　據說王肅也博學多才，曾做過魏國的祭酒、太常。祭酒
就是太學的校長，太常就是管理國家祭祀的儒官，管著祭酒。
在政治上，他反對曹爽、何晏等曹氏集團中的人物，認為他
們是奸詐小人。所以受到司馬氏集團的重視。在學術上，他
不服氣鄭玄，於是也遍注群經，並企圖以自己的注釋來取代
鄭玄。

　　王肅要取代鄭玄，他對儒經的注釋和鄭玄自然會有許多
不同。不過王肅的注釋保存至今的不多，其內容也就不易瞭
解。我們這裏要介紹的，主要是王肅的上帝觀念。

　　王肅認為，上帝只有一個，上帝的名號，就是昊天上帝。
五帝不過是上帝的五種稱呼，其實和上帝乃是同一尊神。祭
天的場所也只有一處。圜丘和天壇是一個，就是人工在京城
郊外為上帝所修建的祭壇。

　　王肅的上帝觀念沒有被魏國政權採納，但由於他受到司
馬氏集團的重視，所以在司馬氏取代曹魏之後，就把王肅的

上帝觀念付諸實踐。晉朝的臣子們說：

> 五帝，即天也。五氣時異，故殊其號。雖名有五，其
> 實一神。明堂、南郊宜除五帝之坐。五郊改五精之號，
> 皆同稱昊天上帝，各設一坐而已。（《宋書·禮志》）

這年年末，有關部門又上奏：

> 古者丘、郊不異，宜并圜丘方澤於南北郊。更修治壇
> 兆。其二至之祀，合於二郊。（《宋書·禮志》）

後來，雖然在明堂祭祀和南郊祭祀中又恢復了五帝的神位，
但上帝只有一個，五帝不是上帝的觀念已經逐漸深入人心，
並且和鄭玄的六天說形成了鮮明的對比，成為兩種重要的對
立意見。此後的政權，有的用鄭玄的說法，有的用王肅的說
法。這兩種上帝觀念的對立，構成了這一時期上帝觀念演進
的主要內容。

很明顯，在這個問題上，鄭玄不過是剛剛擺脫了五帝是
上古君主的傳統，他還不可能走得更遠。對於王肅來說，就
有可能在鄭玄的基礎上再前進一步。王肅和鄭玄的對立，不
是個人意氣之爭。它一面是儒教上帝觀念的歷史演進，一面
也是現實政治的原因。很顯然，王肅的一天說，有利於國家
的統一和穩定。因而爭論的結果，也就可以明白。最終，當
然是王肅的一天說戰勝了鄭玄的六天說，成為儒教國家正式
認可的上帝觀念。

四、上帝的本質

上帝是誰？魏晉時代的儒者也不得不關心這樣的問題。
而對這個問題作出了回答的，是晉代的葛洪。

葛洪本是一個儒者，曾經做過晉朝的一個將軍。他一生
的主要著作是《抱朴子》內外篇。據他自述，其內篇講金丹
成仙之道；外篇則講儒教的倫理道德、治國做人之道。由於
他的《抱朴子內篇》影響深遠，《抱朴子外篇》就相形見絀了。
世人只知道他是個煉丹家，對於他的儒學修養，則很少提起。
實際上，他是一個有著深厚儒學根柢、又兼信金丹神仙之道
的人物。這樣的人物，漢代也不少。他們的言論，許多時候
都反映著儒教的觀念。特別是對於上帝觀念，當時追求成仙
的人們幾乎和儒者沒有區別，因為修仙者所追求的，也是要
到上帝那裏做一名仙官。

那麼，什麼是上帝呢？葛洪說：

> 然天道邈遠，鬼神難明。趙簡子、秦穆公皆親受金策
> 於上帝，有土地之明徵。（《抱朴子·內篇·微旨》）

葛洪講這段話的意思，是說上帝是確實存在的，所以到上帝
那裏做官不是騙人的。那麼，上帝又是什麼呢？葛洪繼續說：

山川草木，并灶洿池，猶皆有精氣。人身之中，亦有
魂魄。況天地為物之至大者，於理當有精神。有精神
則宜賞善而罰惡。但其體大而網疏，不必機發而響應
耳。（同上）

這是明確的萬物有靈論的言論，也是對上帝「是什麼」的新
的說明。依照這個說明，上帝，就是天這個大物的靈魂。天
這樣一個物，如何能夠有靈魂呢？在古人看來，人和天都是
由氣所構成的。同樣由氣構成，人有靈魂，天，也就應該有
精神，能夠賞善罰惡。

　　其實早在葛洪之前，儒者王肅都已經發表過類似的意見。
他說：「有靈而尊者，莫若於天」（《周易注·震卦》），也就是
說，上帝，就是那天的靈魂、精神。五帝，在王肅看來，不
過是五行之神，是五行的精神。葛洪，則用更加明確的意見
表達了儒者普遍信奉的觀念。

　　當代的宗教學，普遍接受了所謂「萬物有靈論」的神祇
起源說，認為人類最初崇拜的神祇，就是以己度物，認為萬
物皆有靈魂的結果。事實上，中國的情形就不是如此。中國
早期的神祇，不是精神性的靈，而是實實在在的人或者動物。
這一點，不僅是中國古代的情形，也是其他古代民族曾經有
過的情形。因此，萬物有靈論是不是一個正確的理論，值得
重新加以檢討。不過在這裡，我們不能深入討論這件事。我
們只能說，只是在晉代，中國古人才較為普遍地認為萬物都

是有靈的。並且認為，所謂上帝，就是天的精神或者說是靈魂。

五、東晉以及南朝的上帝信仰和祭祀

　　東晉政權建都南方，也把上帝的祭壇帶到了南方。由於京城正南方向地勢狹窄，所以天壇只好建在巳地，即東南方。後來曾一度恢復到正南，但終因東南方向比較方便，東晉末年，還是改在了東南。

　　東晉政權的這種無意識的改革，成為後代祭祀上帝場所的定制。直到現在我們還可以看到，北京城內的天壇，就建在故宮的東南方向。而北京城內的天壇，就是明清時代遺留下來的上帝祭壇。

　　東晉以後，在南方又變換了四個朝代。每有一次變動，也往往變換一次上帝的名稱。南朝劉宋政權的開創者劉裕，在即位告天的文書中稱上帝為「皇天后帝」，後來的南郊祭祀，則仍然稱上帝為「昊天上帝」。在明堂祭祀中，則稱上帝為「皇天上帝」。梁代祭祀，稱上帝為「天皇大帝」。到了陳代，祭天的神壇建造得高大壯麗，這是陳朝在宗教方面唯一可以稱得上是創造的東西。

　　梁代上帝信仰的一件大事，就是所謂讓神靈「不血食」事件。

　　梁武帝有深厚的儒學修養，又是儒教的皇帝，即一身兼有君主和教皇的雙重職能。在這一方面，儒教和基督教的公教會，即我們平常所說的羅馬天主教的制度是一樣的。羅馬城中梵蒂岡教皇國的教皇，就既是宗教領袖，又是國家元首。不同的是，基督教不允許它的信徒信奉其他宗教的教義，而在儒教，起碼在隋唐及其以前，則沒有這樣的規定。所以連梁武帝這樣的皇帝也可以信仰佛教的某些教義。

　　從古以來儒教祭祀上帝，宰殺牲畜以獻祭，是必備的一項內容。為了表示對神靈的虔誠，對牲畜的大小、顏色都有嚴格的規定。這牲畜要有專人負責餵養，祭祀時也有確定的宰殺程序和儀式。但梁武帝受佛教影響，不主張殺生。他認為，祭祀的根本在於心誠，而且殺生在他看來會「有累冥道」，也就是說死後會受到報應。所以他主張用麵食做的牛羊代替活的牛羊。這道命令曾經遭到了許多反對，但梁武帝堅持不變。不過，梁武帝一死，這條規定就立即作廢，並且遭到後世儒者的不斷抨擊。雖然儒教可以允許它的信徒信仰其他宗教的某些教義，但是假如因此破壞了自己的教義，也會遭到反對。

六、北朝的上帝信仰和祭祀

　　北魏朝是鮮卑族建立的政權，在和中原地區的長期交往

中，他們早就接受了傳統的上帝信仰，並且能夠對現實的重大事件作出宗教上的解釋。

在和其他民族的交往和混戰中，北魏的君主深深感到援引天命的必要。北魏建國之初，道武帝拓拔珪就下了一道詔書，專門論述天命之事。詔書說道，一般人都認為漢高祖劉邦是從一個老百姓做了皇帝，這是不對的。劉邦是堯帝的後代，他當皇帝前後，上帝已經有過許多表示，比如說殺死大蛇，五大行星聚在一起。在他停留的地方，天空總有彩色的雲朵等等。這說明，劉邦是上帝任命的君主，一般人不可以存有非分之想。

所謂彩雲之類，就是董仲舒所說的祥瑞。所謂劉邦是堯帝的後代，是東漢儒者賈逵從《左傳》中查出來的。漢代儘管可以用德行高尚來解釋劉邦為什麼可以做天子，但是如果能夠找到他的上帝血統，就更加具有說服力。西漢末年以前，儒者們大多不知道《左傳》的存在。西漢末年劉歆在繼承父親劉向整理國家圖書的時候，發現了《左傳》，當時許多儒者不承認《左傳》的重要地位，也不對它進行研究。東漢時，儒者賈逵從《左傳》中查到，夏代有個叫劉累的，曾經替夏朝王室飼養龍。他，就是劉邦的祖先，也是堯的後代。於是，劉邦就和堯有了血統的關係。拓拔珪講述這個發現，說明他對中原儒學有著相當深入的瞭解。他借此事警告那些狂妄、狡詐的傢伙，不要以為憑藉實力就可以做天子。

在這樣一種思想指導下，北魏以及它以後的幾代政權，

都製造了許多獲得天命的祥瑞事件，以說明他們獲得政權是
受到上帝任命的。

　　北魏企圖嚴格按照儒經的規定祭祀上帝，所以他們採納
了曹魏的祭祀制度。魏孝文帝把京城遷到洛陽，把曹魏曾經
修整過的委粟山重新作為圜丘。

　　為了保證祭祀的合乎規定，北魏的儒者們還認真討論了
禘禮的意義。他們有的認為鄭玄的說法正確，有的堅持王肅
的主張。最後由孝文帝裁決，兼顧鄭王兩家意見。實際上，
只是把圜丘祭天叫做禘，也就是恢復了禘禮是祭祀上帝的禮
儀的傳統觀念。

　　北朝在祭祀問題上的一個重大舉措，是正式舉行感生帝
祭祀。北魏以後的北齊和北周，都認為自己的感生帝為青帝
靈威仰。也就是說，他們認為自己的祖先是感受了青帝的精
氣而降生的。北周皇帝的詔書中說道：「我大周感蒼帝之精
……。」所以，他們具有上帝的血統，現在又接受了天命，應
該做天子。由他們開創之後，感生帝祭祀就為後代所繼承，
一直保持到明朝。

七、天地的合絮和分絮

　　直到漢武帝時代，人們一邊祭祀著太一和五帝這些上帝，
一邊也祭祀地神。

　　依據《左傳》和《國語》的記載，傳統宗教有社神祭祀。社神，就是共工氏的兒子勾龍。共工，就是《淮南子》所載頭觸不周山、使天柱折斷、天塌下一大塊的那個共工。其實，共工不是一個人名，而是上古時代的官名，其職責是管理水利事業。據說某一時期的共工有一個兒子，在水利事業上做出了巨大成就，和治水的大禹差不多，所以人們就把他作為社神加以祭祀。這樣的記載後來被儒者們收入《禮記》，成為儒教社神的正式來源。

　　漢武帝獨尊儒術以後，由於在汾河南岸出土了一個古代的鼎，被認為是一個重大的吉祥，所以在鼎出土的地方，依據儒經上祭祀地神的規定，建立了一個祭壇。並且認為，這個地神就是后土。從此，后土祭祀就從社神祭祀中獨立出來，成為一項專門的重要祭祀。當匡衡把祭天神壇移到京城南郊的時候，也把祭祀后土的神壇移到了京城北郊。

　　到王莽改革祭祀時，在后土之外，就單設了一個地神，名叫「皇地后祇」。並且認為，天，也就是上帝，是人的父親；地，是人的母親。在人間，夫妻同室而居。對於神，也不應把它們分開祭祀。所以王莽主張，最重大的祭祀上帝的禮儀中，應該把天地放在一起。這就是所謂的「天地合祭」制度。

　　王莽以後，儒教的地神祭祀，有的在京城北郊設地神祭壇，有的不設。一般在最重大的祭祀時，實行天地合祭。祭祀上帝時，由已故功德崇高的皇帝陪同享受祭祀；祭祀地神時，則由已故的德行高尚的皇后陪同地神接受祭祀。

要為上帝尋找一個妻子,並且認為地神就是上帝的妻子,是儒教神靈觀念的重要特點。在這個問題上,充分體現了儒教人神一理,「未能事人,焉能事鬼」的特點。這樣的祭祀制度保持了一千多年。

八、天人感應和天道自然觀念

天道自然觀念本是春秋、戰國時代老子和莊子提出並加以堅持的觀念。依照這個觀念,天,也就是上帝,並不事事干涉人的行為。而是在降生了人類之後,就讓人自由行動。這個觀念的基礎,是事物的運動不受其他事物影響。比如說烏鴉是黑的,天鵝是白的;蛇走路不用腳,蜈蚣走路用許多腳,如此等等。如果要問他們為什麼?其回答只能是,天生就這樣。

但是後來,人們發現了一系列物與物相互影響的現象。比如磁石可以吸引鐵製品,琴絃能夠發生共振。風雨將要到來的時候,許多動物就會有所反應。在這個基礎上,漢代儒者提出了天人感應學說。天道自然的觀念暫時退出了歷史舞臺。

到了東漢時代,王充考察了大量的天人感應材料,認為都不過是偶然的巧合,不是天與人的感應。王充不否認上帝的存在,但他認為,人與天相距遼遠,人的聲音天是聽不見

的，就像人聽不見身上蝨子的鳴叫一樣。王充認為，天降生
民眾，是無意識的。就像夫婦交合生子。夫妻交合是有意識
的，但是否生子、生下個什麼樣的子，是夫妻所控制不了的。
人與天還有所不同。人生下子女以後，有教育他們的責任。
但天不必如此。天生下人類之後，就「放魚於川，縱獸於山」
（《論衡・自然》），讓它們按照自己的本性生活。

對待君主，也是一樣。王充說，假如天能夠譴告君主，
也就能夠選擇一個好的君主，不必再時時處處譴告他們。依
照天人感應的說法，則天所任命的都是昏庸的君主，所以不
得不時時處處譴告他們。天為什麼這樣的不辭勞苦呢？這是
不合情理的。

在王充看來，所謂天人感應，不過是人們用人事來推測
天道。在人事，君常常譴告臣，所以認為天也會譴告君。但
是在人事，臣還可以向君主進諫，君主什麼時候向天進諫過
呢，進諫的效果又在哪裏呢？

和董仲舒一樣，王充也認為上帝是天上的君主，是「百
神主」。他和董仲舒的區別，在於天如何對待人事。是事事干
預呢，還是採取無為的方針。

魏晉時代，以王弼為代表，認為上帝是「生物之主，興
益之宗」。對於上帝，祭祀是絕對必要的：「享帝之美，在此
時也。」（王弼《周易注・益》）天命仍然是不可違背的：「天
之教命，何可犯乎！何可妄乎！」（王弼《周易注・無妄》）但
天命不是絮絮叨叨，而是見於不言：「以淳而觀，則天地之心

見於不言,寒暑代序,則不言之令行乎四時,天豈諄諄者哉。」（王弼《論語釋疑・陽貨》）天道仍然是效法的榜樣。天道是無為的,人道,也就是君主治理國家,也應該採取無為的方針,讓百姓們按照自己的自然本性行事。

在魏晉時代,天人感應觀念仍然是社會的主流意識,儒者們仍然辛勤地觀測著天象,推測著其中的天意。但天道自然觀念也在一部分儒者中廣泛流行。儒教中,在一些重大問題上不同意見的爭論,幾乎從來沒有斷絕過。

第五章

隋唐時代的上帝信仰和祭祀

隋唐時代是中國歷史上國家非常強盛的時代。儒教信仰中的重大問題得到了整頓。由於國家的統一，昊天上帝作為唯一上帝地位穩定下來。對於昊天上帝的本質，也作出了具有重大理論意義的規定，認為那昊大元氣就是上帝，是唐代及其以後儒教正統的上帝觀念。這一時期在上帝信仰方面的另一重大成就，就是制訂了比較完備的祭祀制度。制禮是儒教最重要的事。而制禮到唐代達到了高潮。唐代吸取了以前的成果，又具有強盛的國力，開元年間，製成了較為完備的儒教禮儀，稱《開元禮》。

　　隋唐時代是中國歷史上國家非常強盛的時代。儒教信仰
中的重大問題得到了整頓。由於國家的統一，昊天上帝作為
唯一上帝地位穩定下來。對於昊天上帝的本質，也作出了具
有重大理論意義的規定。這一時期在上帝信仰方面的另一重
大成就，就是制訂了比較完備的祭祀制度。

一、隋唐時代的上帝信仰和祭祀

　　隋代繼承北朝的制度，以昊天上帝為至上神。五帝被分
為五方上帝和五人帝。五方上帝，即東方青帝、南方赤帝等。
所謂五人帝，就是黃帝、炎帝、太昊、少昊、顓頊五位。在
祭祀昊天上帝的時候，五方上帝被認為是昊天上帝的下屬，
而五人帝則又是五方上帝的下屬。至此儒教的上帝觀念又完
成了一次重大的轉變。原來的五帝被分成了天上、人間兩層，
黃帝等終於不再被認為是上帝，而是人間的帝。那天上的五
帝也不是最高或者至上的神靈，而僅僅是昊天上帝的助手。
唐代並且還作出規定說，只有昊天上帝可以稱「天」，五方上
帝，不能稱天。

　　從古以來，天和上帝都是一個意思，指的都是那最高的
神。現在作出了明確規定，不是所有的上帝都可以稱為天，
可以稱為天的只有昊天上帝。隋唐時代的儒者還作出比喻，
認為五方上帝不過相當於諸侯王的角色。唯一的、至上的昊

天上帝進一步突顯出來。

自從曹魏分圜丘和南郊祭壇為兩處之後，北魏又繼承了這樣的制度。到唐代，又根據王肅的主張，認為圜丘就是郊祭上帝的祭壇，不可分開。這種規定一直被沿用下來，直到明清時代，都沒有改變。所以如今的北京天壇公園中，被稱為圜丘的就是祭祀上帝的天壇。在這裏要附帶說明的是，由於祈年殿建築高大、宏偉，使許多人把祈年殿當成了天壇。這是一個極大的誤會。祈年殿南端那個露天的祭壇，才是天壇，是最重要的祭祀上帝的處所。

二、上帝的本質

上帝是什麼？唐代的儒者繼續討論著這樣的問題。在這一點上，儒教和基督教一樣。基督教神學家們不斷討論著上帝是什麼、怎麼樣的問題，中國的儒者也經常討論著類似的問題。

在歷史上，上帝曾經被認為是黃帝等上古君主，甚至認為黃帝和太一都是成仙上天的人。後來又認為上帝是北極星和太微垣中的五星。大約從晉代王肅開始，又認為是天這個最大的物體中的靈。那麼，唐代的儒者們又是如何解決這個問題的呢？

唐高宗時，文武全才的大臣長孫無忌上奏，也有記載說

是由品德極差的儒者許敬宗上奏，論述了上帝的本質。雖然說法不同，但文獻只有一個。我們這裏沒有必要考察它的著作權，只來介紹這篇文獻中的上帝觀。

這個奏章說道，據鄭玄說，昊天上帝就是北極星，名為耀魄寶。他的根據，只是緯書。而緯書是西漢末年一批趨時髦的儒者偽造出來的。他們把偽造的東西說成是孔子的作品，贏得了一些人的信任。事實上，這些根本不是孔子的作品，所以不可信任。我們應當根據可靠的文獻材料，來確認上帝的本質。這個可靠的材料，就是漢代著名儒者毛萇對《詩經》的注解。

依毛萇的解釋：「元氣昊大，則稱昊天；遠視蒼蒼，則稱蒼天。」無論是蒼天還是昊天，指的都是那浩瀚無邊的、被稱為天的廣大元氣。這一團浩瀚的元氣，就是天的形體。

依據唐代儒者的解釋，儒教中所說的天，就是我們頭上的蒼蒼之天，自然之天。這個天，就是主宰世界、可以對人賞善罰惡的上帝。在今天看來，所謂昊大元氣，不過是一團物質，它是個自然物，其中沒有精神存在，不會主宰世界。許多研究者正是因此否認古代文獻中的天和上帝同義。然而在古代儒者的心目中，氣本身是有靈的，所以氣聚成人時才會有靈魂。天比人的形體要大得多，那聚合成天的元氣，也是有靈的。所以天能夠賞善罰惡，是世界的最高主宰。不弄清這一點，就無法弄清中國古代的許多思想問題。

毛萇是漢代著名的《詩經》學家，被稱為小毛公。他的

學問，傳自大毛公。而由他們傳下來的、對《詩經》的解釋，就叫做《毛詩》。《毛詩》對昊天的解釋，至少在漢代就已經非常清楚，但在漢代，以及漢代以後的數百年中，卻沒有人把《毛詩》對昊天的解釋和上帝觀問題聯繫起來。因為在漢代，大多數人還認為，天是和地一樣的堅實的物體，上帝就住在天上。經過魏晉南北朝時代，認為天是一團元氣的學說逐漸取得了普遍的信任。到了唐代，著名的詩人李白曾經寫詩諷刺「杞人無事憂天傾」。但在李白以前的時代，憂天傾並不會引起人們的嘲笑。正是在這樣一個時代，儒教的上帝觀念才又發生了重大變化，並且由國家以法令的形式確定下來。

認為那昊大元氣就是上帝的觀念，是唐代及其以後儒教正統的上帝觀念。其他一些說法，都是由這樣的觀念派生的。

三、儒教的上帝和基督教的上帝

基督教的上帝原型是什麼？不是這裏要討論的問題。但可以坦白地說，依據《舊約》，基督教的上帝應該是和人同樣形狀的。因為上帝按照自己的相貌造人，自然就和人的相貌是一樣的。中國漢代初年的五位上帝，就也是和人同樣形狀的上帝。

但至少從董仲舒開始，上帝的形狀就未必和人相同了。到王莽稱上帝為「靈」，鄭玄認為上帝是星，上帝就和人的形

狀不再一樣了。而且依據當時的觀念，星，乃是氣的精華，或者說是精氣。精氣的意思，就是靈魂。所以，鄭玄說上帝是星，和王莽說上帝是靈，具有同樣的意義。

如果再向上追溯，則戰國時代的思想家們就認為鬼神是一種精靈的存在。《管子・內業》篇說精氣「流於天地之間，則為鬼神」；《易傳》說「精氣為物，遊魂為變。」都是這樣的意思。這裏的「物」，就是鬼神。

也就是說，儒教的學者，至少在公元之前，就完成了神人同形論到神人不同形論的轉變。

基督教實行這個轉變，大約在五世紀初葉。當時著名的神父奧古斯丁著《上帝之城》等書，還和人激烈地爭論上帝的形象問題。奧古斯丁堅持認為，上帝按照自己的形象造人，但上帝並不具有人的形象。上帝，是個無形無象的靈。至於基督教徹底接受奧古斯丁的意見，還當在五世紀之後。

在西方的傳統哲學中，物質一般是和精神完全對立的存在。物質中沒有精神，精神中也沒有物質。所以在基督教中，上帝是個純粹的靈，人的精神則被認為是上帝的一部分。精神獨立存在，和物質沒有關係。

在中國古代，起初和古希臘一樣，認為精神也是一種氣，不過是特別精細的氣，稱「精氣」，就像古希臘原子論認為精神是特別微小的原子一樣。後來，則逐漸認為精神是氣中的靈。到宋代，儒者們又認為是氣中的理。總之，精神是氣中所固有的東西，而且和氣不能分離。也就是精神和物質不能

分離。由這樣不同的哲學出發，形成了中國古代和西方古代
不同的上帝觀。這一點，曾經使剛剛接觸中國文化的西方傳
教士們非常的不理解。直到今天，也還是有許多人不理解中
國哲學和宗教的特點。而弄清這一點，對於理解中國傳統的
哲學和宗教是極端重要的。

四、儒教明堂祭祀

　　儒教的重要經典《孝經》上說，周公曾經「郊祀后稷以
配天，宗祀文王於明堂以配上帝」。所以儒教除了在南郊祭天
之外，還修建了明堂祭祀上帝。

　　對於儒教來說，一個是南郊的圜丘或稱天壇，一個是明
堂，是它的最重要的宗教活動場所。所以在漢武帝決定獨尊
儒術之前，儒者們就建議修建明堂。而修建明堂，也往往被
視為一項重大的功德。王莽就因為在短期內修成了明堂，被
認為比周公的功德還要偉大，並因此做了代理皇帝。後來，
又以此為基礎，做了真皇帝。

　　漢代以後，明堂繼續被認為是儒教重要的宗教建築。儒
教的天子在這裏祭祀上帝和祖宗，也在這裏發佈那些最重要
的政策法令。著名的〈木蘭詩〉說：「歸來見天子，天子坐明
堂。」就是說，天子用了最隆重的禮儀來迎接她的歸來。

　　唐代，明堂建設達到了最高峰。武則天所修的明堂，有

十二道門。每道門高一丈七尺，寬一丈三尺；二十四道窗戶，窗高一丈三尺，寬一丈一尺。明堂造成之後，被大火燒毀。於是又建造新的明堂。新的明堂更加雄偉壯麗，其總高度為二百九十四尺，也就是將近三十丈高。唐代一尺約等於 31.1 公分，三十丈大約是 90 公尺高。現在的大樓每層約高 2.5 公尺，相當於現在 35 層高的大樓。這樣雄偉的建築，一面說明當時建築技術的高超，一面也說明當時對明堂建築的重視。

新明堂建成以後，武則天把它命名為「通天宮」。是的，這麼高的建築，似乎確實可以通到天上。它又是祭祀上帝的場所，命名為通天宮也非常合適。

對於修建明堂，儒者們紛紛表示出極大的熱情。著名的詩人陳子昂，也就是在幽州臺上感歎「前不見古人，後不見來者」的陳子昂，向武則天建議說，修了明堂，就可以使人民安寧，陰陽調和，風雨適時。過去黃帝、堯、舜、大禹，都是通過修建明堂使天地陰陽調和，從而風調雨順的。他還向武則天預言，修明堂之後，不用幾年，就能使天下太平。

據陳子昂所說，他這一套理論，乃是他老師的主張。也就是說，這不僅是他一人的見解。事實上，他的主張確實是儒教的基本教義。

依據《孝經》的說法，明堂中祭祀的是上帝，而這個上帝似乎沒有郊祭的天尊貴。那麼，天與上帝究竟是一回事，還是兩回事？儒者們常常發生爭論。

在魏晉南北朝時代，明堂所祭祀的乃是五方上帝。在唐

代，明堂中所祭的也是五方上帝。陪同五方上帝的，是黃帝、炎帝等所謂五人帝。再下就是皇帝的祖先。比如唐代就以唐高祖在郊祭天時陪同昊天上帝，而在明堂祭祀時則以唐太宗陪同五方上帝。雖然唐太宗李世民對於唐朝的建立有著不可替代的功勞，但在祭祀中的地位仍然沒有父親高貴。

五、封禪新篇

封禪是傳統宗教的告禮，即到最高因而最接近上帝的高山上，向上帝報告自己的成功。自然，到最高山上向上帝報告的成功，必須是最大的、至少是巨大的成功。一般的功勞是不值得這樣做的。

齊桓公以前，是否有七十二位君主到泰山封禪？難以考定。有案可查、最早到泰山封禪的人物是秦始皇。其次是漢武帝，他一共實行了五次，是中國歷史上封禪次數最多的皇帝。其他進行過封禪的皇帝，一般都只有一次。

在武帝以前，文帝也曾醞釀過封禪，但沒有實現。漢武帝以後，到泰山進行封禪的人物，有劉秀。劉秀以後，也有許多皇帝醞釀過封禪，也沒有實現。有的是地域不便。比如南朝，當時泰山不在他們管轄的地域之內。有的是因為經濟原因。比如唐太宗，也曾經想去封禪。但終因國家新建，封禪耗費太大，最後取消了這項計畫。

封禪是一次巨大規模的宗教遊行。秦始皇封禪時，儒生們說，古代封禪崇尚質樸，所以祭祀場所要十分簡單，比如就在地上鋪一些席子即可。但他們又說要保護山上的草木，車輪都應該用草裹上。可是到漢武帝封禪時，他就在泰山上修建了祭壇。向上帝彙報的祭文則寫在玉石造成的書冊之上，而且是用黃金寫就。劉秀封禪，在泰山上用許多石條建造祭壇。那時候，單人上泰山就十分困難，要在山上進行如此大的工程，難度可想而知。皇帝祭天，不是一個人的事。他要準備許多物品，要有許多隨從。這些隨從又要有許多人員加以保衛。歷史上沒有記載每次參與封禪的人數。但大體估計，總要十萬人左右。這樣龐大的隊伍，從京城出發，一路走到泰山，路途又要有許多供應，那真是一場規格特別巨大的宗教遊行。

然而封禪的意義，又為歷代君主大臣所嚮往。司馬遷的父親司馬談，是一位史官。史官的重要職責之一，就是負責皇帝祭祀上帝時的有關事務。漢武帝在甘泉宮祭祀太一，負責的官員就是他和寬舒。然而不知什麼原因，漢武帝到泰山封禪時沒有讓他去，他氣得一病不起，臨死囑咐兒子司馬遷要完成《史記》的寫作。這件事，充分說明封禪的意義和為人嚮往的程度。

唐太宗沒有封禪，但他的兒子唐高宗實行了封禪。隨後，武則天也實行了封禪。不過武則天沒上泰山，而是到河南嵩山。因為嵩山也是五嶽之一，到嵩山封禪，也合乎儒教規定。

　　唐代到泰山封禪最為顯著的一次，是唐玄宗到泰山封禪。
唐玄宗在艱難之中憑藉自己的智力和勇氣取得了皇帝的位
置，起初兢兢業業治理天下，使唐朝的興盛達到了一個極盛
的時期。那時候，國力強盛，文化事業也十分發達。周圍國
家的貴族青年，都願意到唐朝求學。著名的詩人李白、杜甫，
也就出於這個時代。儒者們一致認為，唐玄宗建立了大功德，
上表請求封禪。唐玄宗起初還未敢答應，後來還是同意了。
為了保持所謂靈山的清潔，唐玄宗不想讓很多的人上山，於
是採納禮官賀知章的建議，僅在山上祭祀昊天上帝。五方上
帝以及其他神靈，則在山下設壇祭祀。

　　唐玄宗封禪泰山之後，親自寫了〈紀泰山銘〉。如今這銘
文還刻在泰山之上。那銘文說：「維天生人，立君以理；維君
受命，奉天為子。」把上帝和民眾、君主和上帝的關係說得明
確而扼要。他表示，國家只要有一人沒有實現自己的願望，
做皇帝的就應該受到譴責，並且希望上帝能夠瞭解他的這片
誠心。那治理國家的決心，可說是非常大的。可惜的是，國
家強盛之後，他也會忘乎所以，終於招致了安史之亂，而唐
代國家，也就從此一敗塗地。

六、開元制禮

　　孔子認為，禮，是治理天下最重要的手段。制訂了完備

的禮儀並且加以實行，就可以在行禮的過程中一點一點地培養人們遵守社會秩序的習慣，從而保證社會秩序，避免天下動亂。

遵照孔子的指示，從漢代開始，儒者們就把制禮的事業看作儒教最重要的事業。而制禮事業到唐代達到了高潮。唐代吸取了以前的成果，又具有強盛的國力，開元年間，制成了較為完備的儒教禮儀，稱《開元禮》。

儒教的禮儀共分五類，吉、嘉、軍、喪、賓。其中最重要的是祭禮，也就是吉禮。祭禮之中，最重要的是郊祭上帝的禮。祭上帝要有一定的場所，明堂就是祭祀上帝的場所之一，僅僅次於南郊的天壇。所以陳子昂說，修建了明堂就會風調雨順，是有根據的。

根據《開元禮》的規定，昊天上帝是儒教的至上神，在祭祀中享有最高的地位。五方帝在昊天上帝之下，在其他諸神之上，是昊天上帝之外的最重要的神靈。五人帝，即黃帝、炎帝等，是五方帝之下最重要的神靈。在每年四次祭祀昊天上帝之外，五方上帝每年也有一次專門的祭祀。祭祀哪一位五方上帝，就有原來屬於該方位的人帝陪同享受祭祀。

《開元禮》的制訂是儒教宗教建設的一件大事。唐代以後，歷代儒教國家的禮儀制度，幾乎都是在《開元禮》的基礎上制訂或者發展起來的。

七、獻給神的頌歌

與制禮同樣重要的，是作樂。因為古代祭祀神靈，是一定要有音樂歌舞的。製作最適合獻給上帝的音樂歌舞，是儒教學者的重要任務。從漢代起，許多重要的儒教學者，不僅參與了歌詞的寫作，而且還參與樂器的製作，參與對於樂曲諸種要素的科學研究。我們這裏只來說歌詞。

漢代以前的情況這裏不說了。在西漢，獻給上帝和祖宗的歌詞，大都是司馬相如等十幾位儒者的作品。有一首叫做「練時日」的，歌頌上帝下降時的情形道：非九重的天門打開了，上帝的精靈下來了（「九重開，靈之斿」）。上帝的車子上空飄著五彩雲霞，駕車的是青龍白虎（「靈之車，結玄雲，駕飛龍，羽旄紛。……左倉龍，右白虎」）……❶。

在儒教看來，音樂的作用主要不是娛樂，而是教化民眾。而教化民眾最有力的手段，就是通過祭祀神靈的禮儀。

魏晉南北朝時代，祀神音樂的創作比漢代還要發達。魏武帝曹操那些著名的詩作，比如那首「東臨碣石，以觀蒼海……」，就是獻給上帝的。在當時的人們看來，只有那些最好的詩作，才有資格獻給上帝和祖宗。詩作能夠獻給上帝和祖宗，乃是最高的榮耀。

---

❶　見《漢書・禮樂志》。

　　在隋代，獻給上帝的詩歌，都是著名的儒者牛弘、許善心、虞世基創作的。唐代，創作歌詞的有虞世南，有魏徵。到唐玄宗時代，張說又對歌詞作了改進。其他創作歌詞的儒者更是難以統計。

　　由張說創作的封禪歌詞唱道：皇帝接受了天命，現在來報告成功（「受天命，報天成」）。誠心感動了上帝，上帝降臨到下庭（「志上達，歌下迎。億上帝，臨下庭」）。日月是上帝的坐騎，陪伴的是天上的列星（「騎日月，陪列星」）……❷。

　　古代的詩歌創作，先是《詩經》中以四個字一句的四言詩，漢代時出現了五言詩，此後又出現了七言詩。在五言詩和七言詩中，又出現了形式嚴格的絕句和律詩。到了唐代，絕句、律詩都發展到了爐火純青的地步。出現了以李白、杜甫等為代表的如群星燦爛一般眾多的優秀詩人。今天的人們所喜歡、所欣賞的，也主要是以五言七言為代表的詩歌。

　　不過，在唐代儒者們看來，這些乃是他們的遊戲之作，或者說是業餘之作。在他們心目中，真正重要的還是以《詩經》為榜樣的四言詩。獻給上帝和祖宗的詩，也多是這樣的詩。著名儒者也是詩人的柳宗元，今天的人們提到他的詩作，幾乎都會立即想到那首「千山鳥飛絕，萬徑人蹤滅……」。但是他認為，真正重要的詩歌乃是四言的。所以他又創作了一些四言詩，其中歌頌上帝對唐朝的任命，歌頌上帝為唐朝降生了房玄齡、杜如晦這樣賢明的宰相。不過這些詩歌，在今

　　❷　見《舊唐書·音樂志》。

天的人們看來，都索然無味了。

八、隋唐時代的河圖事件

隋唐時代，國家一面嚴厲禁止別人借河圖煽動叛亂，一面自己製造河圖，以證明自己做皇帝是上帝的任命。

隋代建國之初，邵州人楊某在黃河邊得到一塊青石圖，一塊紫石圖。上面有隋文帝楊堅的名字，名下有「八方天心」四字。儒者王劭說，這就是上古的河圖，是上帝對楊堅的任命書。後來，有人在汝水裏捕得一隻烏龜，龜腹上寫有「天卜楊興」的文字。在安邑這個地方，有人在掘地時發現一塊鐵板，上面寫著「皇始天年，賚楊鐵卷，王興」。所謂「賚楊鐵卷」，就是給姓楊的一份鐵製的、永遠不壞的委任狀。古代的皇帝常常把這樣的任命書賜給某些有特殊功勞的臣子。現在，上帝也用同樣的方法賜給地上的皇帝。此外，還有人在同州得到一個石龜，上面寫著「天子延千年，大吉」。儒者王劭說，孔子感歎黃河裏不再出圖了。現在大隋得了天下，河圖一次又一次地出來。依王劭所說，楊堅的德行，那是比孔子高得多了。

為了論證隋代的功德深廣厚大，王劭還援引過去的河圖，認為河圖上早就說了，該由楊氏做皇帝。而河圖上的「開皇」二字，恰恰就是隋代的年號。

隋文帝楊堅聽了王劭的話，十分高興，給了王劭許多賞賜。而王劭也更加感動，於是又創作了280首詩獻給皇帝，撰寫了《皇隋靈感志》三十卷，說明大隋如何得到了上帝的信任和表彰。

唐代，李氏靠自己的實力和才智得到了天下，起初他們沒有製造河圖。後來，武則天要做皇帝，於是河圖又出來了。

有一天，武則天的侄子武承嗣讓人在一塊石頭上鑿了「聖母臨人，永昌帝業」八字。又讓一個叫唐同泰的獻給朝廷，說是在洛河中得到的。所謂聖母，就是指武則天。而「臨人」的人，則是要避唐太宗李世民的諱。武則天非常高興，認為這是上帝對她的任命，於是把這塊石頭叫做「洛圖」。所謂洛圖，就是從洛河中出來的圖，和河圖具有同樣的意義，都是上帝給將要做皇帝的人下的任命書或者委任狀。為了慶祝這件事，武則天在洛河邊上舉行了盛大的祭天典禮。參加祭禮的，不僅有皇室成員、朝廷百官和各地地方長官，還有所有和唐代有關係的外國使節。這次祭天禮儀的隆重程度，是唐朝開國以來空前的。

祭天以後的第二年，武則天就正式做了皇帝，國號「大周」。

九、隋唐時代祥瑞觀念的變遷

隋文帝楊堅依靠陰謀手段做了皇帝，特別需要天命的支

持。除了以往的皇帝常說的祥瑞事件之外，隋代臣子們又創造了許多新的祥瑞事件，其中最重要的是所謂「影短日長」事件。

古代國家，設有天文機構，每天都要觀測天象，包括太陽影子的長短。方法是立一根八尺高的標桿，每天觀測它影子的長短，長期積累，以確定一年的長短和時令節氣。據說是周公傳下來的標準數據，夏至那天最短，為一尺五寸；冬至那天最長，為一丈三尺。隋朝時，所用的尺度比以前長，所以觀測出的日影就短了。儒者袁充不說是尺度的變化，反而向隋文帝報告說，這是上帝降下的祥瑞，是對隋朝功德的表彰。並且認為，日影變短，說明每天的時間也變長了。就好像今天有某人不說是他的錶快了，卻說每天不是 24 小時，而是 25 小時一樣。依照袁充的建議，國家增加了各種工匠每天的工作時間。

然而由於天文學的進步，這個把戲很快就被戳穿了。

唐代君臣是依靠實力打天下，對天命的依賴程度較低，所以李世民對祥瑞的興趣不大。有一天發現，喜鵲在宮中樹上造的窩像個合歡腰鼓，群臣向李世民祝賀。李世民說，真正的祥瑞是得到賢臣，不是別的。我常常嘲笑隋文帝喜歡談論祥瑞，因為那對國家沒有好處。李世民還下令說，今後有特別大的祥瑞再向朝廷報告，一般的就不必上報了。

李世民不是不信上帝，而是他知道，所謂祥瑞，有許多是偽造的。李世民的態度影響著唐朝前期的思想狀況，那時

的唐朝君臣對祥瑞的興趣不大。

到了武則天時代，由於武則天也是依靠陰謀手段做的皇帝，所以對祥瑞的興趣又濃厚起來。前說的「洛圖」事件，就是一個最大的祥瑞。這一時期，一面有許多假造祥瑞以求謀取個人利益的小人，也有對祥瑞保持一定清醒頭腦的儒者。有一天，某人拿來一塊石頭，說是祥瑞，理由是這塊石頭的心是紅的。當時擔任宰相職務的李昭德說，難道別的石頭都要造反嗎？引得哄堂大笑。有一年秋天，梨花開了，不少人都說這是祥瑞。儒者杜景儉說，現在不是梨花開的時候，這是陰陽不調，不是什麼祥瑞。還有人獻上一頭三足牛，說是祥瑞。儒者王求禮說，凡是反常的事物，都是妖孽，這是三公人選不當。說得武則天黯然神傷。

開元年間，儒者劉知幾總結了歷代的祥瑞狀況。他發現，愈是政治腐敗的時代，祥瑞愈多，難道上帝會喜歡那些腐敗分子嗎？所以他認為，那些講祥瑞的，大部分都是妖言惑眾。

也就在這一時期，皇帝頒佈詔書，指示以後不要再上報祥瑞。此後，唐朝朝廷上又不斷下這樣的詔書。唐朝君臣對祥瑞的興趣日益下降了。在對祥瑞興趣下降的時候，唐朝君臣仍然保持著對災異的虔誠，因為那是上帝的批評。表揚可以無所謂，但不聽批評，就可能導致國家滅亡。

唐朝君臣對祥瑞興趣的下降，預示著儒教理論的發展將進入一個新的時期。儒者們要對上帝與人聯繫的方式做出新的說明。

第六章

北宋的上帝信仰和祭祀

政治上，宋真宗向上帝獻上尊號：「太上開天執符禦曆含真體道玉皇大天帝」，並且塑了神像，加以祭祀。宋徽宗在玉皇號前加上「昊天」二字，成「昊天玉皇上帝」。這個玉皇大天帝是儒道二教結合的產物。宋代儒者在前人的基礎上，創立了新的儒學，揭示仁義禮智的本性乃是人所固有，即是所謂的「理」，從而提高了人遵守社會秩序的自覺性與必要性。「天即理」，上帝就是理，在理的主宰作用下，一切都是自然而然的發生。北宋儒者雖主張祭祀，也認為祭祀是必要的事天手段，但他們認為更重要的，乃是心中那無時不在、無處不在的虔誠和敬畏。

　　宋代儒者在前人的基礎上，創立了新的儒學，也在前人的基礎上對上帝做出了新的說明。這個說明中最重要的內容，就是「天即理」。

一、北宋國家的上帝祭祀

　　北宋是五代之後建立的朝代。五代時期國都在洛陽，上帝的祭壇也在洛陽。北宋建國，在汴梁城，也就是如今的開封，於是就在京城的南門外修建了上帝祭壇。

　　北宋的上帝祭壇起初有四層，宋徽宗時，按照《周易》中的所謂「乾策」、「陽數」，對上帝祭壇進行改造。改造後的天壇分三層。第一層直徑八十一丈，是九乘九；第二層直徑五十四丈，是六乘九；第三層直徑二十七丈，是三乘九。每層高二十七尺，也是三乘九。九這個奇數，在儒者眼裏是最高的陽數。天的性質，被認為是乾，是陽，所以天壇就應該用陽數。此後歷代的天壇建築，數字和北宋的未必相同，但必須合乎所謂「乾策」、「陽數」，則是不再動搖的原則。

　　天壇建築的這些數據，都象徵著天的陽性性質。這是儒教上帝觀念的重要內容。

　　宋朝初年制訂的《開寶通禮》，其原型就是唐代的《開元禮》。《開寶通禮》中，也繼承了唐代的上帝觀。有一次，禮儀使趙安仁向皇帝奏報說：

> 元氣廣大則稱昊天，據遠視之蒼然，則稱蒼天。人之
> 所尊，莫過於帝，托之於天，故稱上帝。(《宋史·禮
> 志》)

這樣就重申了唐代儒者的意見：上帝，也就是人眼看到的天；
而天，乃是一團浩大的元氣。

宋代，根據王欽若等人的建議，鄭玄注經時提起的那個
「天皇大帝」被提升上來，認為天皇大帝就是北極星耀魄寶。
原來，上帝之下是五方上帝，五方上帝之下是五人帝，五人
帝之下才是天皇大帝。每當祭祀上帝時，五人帝以上，都設
有專門的神位，天皇大帝沒有。從此以後，天皇大帝升到五
帝之上，也有了專設的神位。這說明，在宋朝儒者眼裏，天
皇大帝就是第二上帝。

北宋上帝祭祀中的另一大事，就是經過儒者們長期、反
復地討論，確立了天地分祭的制度。宋初，曾實行天地分祭。
後來，又實行天地合祭。到宋神宗時，究竟應分應合，儒者
們又進行了激烈討論。一種意見說，如果實行分祭，皇帝就
要在夏至這一天祭地。天太熱，要為皇上的健康考慮。另一
種意見說，天地分祭是王莽定的制度，王莽當時這樣做，是
為了討好漢朝老太后，那是他的姑姑。地神就是地神，把地
神說成是天的妻子，乃是對神的褻瀆。

到宋徽宗時代，天地分祭的制度終於確定下來。依照《周
易》中的「坤策」、「陰數」，在北郊為地神專門建了祭壇。地

壇為方形，兩層，底層邊長三十六丈，是六乘六；上層邊長二十四丈，是四乘六。六，在儒者眼裏是最高的陰數。

北宋儒者還查出，靈威仰、赤熛怒等乃是五方上帝的名字。而上帝的名字是應當避諱的。從此以後，宋代祭祀上帝的神主牌上，也不再寫靈威仰之類的名字。

宋代儒者認為，宋代是由趙氏祖上感受了赤帝的精氣降生的，所以宋代的德行在五行之中屬火。起初，感生帝單獨設位祭祀。後來，儒者們建議說，祭祀的重要原則之一是「祭不欲數」，即不應該太多。太多也是對神靈的不尊敬。於是感生帝祭祀就和其他祭祀合併進行。但是他們認為自己是某位上帝的後裔，這個觀念則仍然濃厚。

二、最後的封禪

唐玄宗封禪以後，就沒有皇帝敢說他有什麼大功德。唐憲宗時，因為一度打擊了割據藩鎮將領的氣焰，曾被認為是「中興之主」，不少人勸憲宗封禪。鼓勵憲宗封禪的人中，包括著名的儒者韓愈。但是由於天下畢竟不太平，沒有進行。宋朝建國後不久，宋太宗也曾想封禪，正在籌備的時候，突然一場雷火擊毀了宮裏兩座大殿。宋太宗認為這是上帝對他的警告，就沒有敢去封禪。

宋太宗死，宋真宗繼位。宋真宗聰明過人，年輕時就有

人說，這孩子如果當了皇帝，即使天下無事，他也會生出事來。果然，他生出的一件大事，就是到泰山封禪。

景德元年，宋真宗御駕親征，在對遼戰爭中取得了勝利，並和遼國簽訂了和約，即所謂「澶淵之盟」。依理而論，和約應該是對勝者有利的。然而軟弱的宋朝君臣怕遼國不斷侵犯，答應每年向遼國貢獻許多財物，希望遼國今後不要南下侵犯。因而，這是一次在勝利的情況下所簽訂的屈辱條約。

要洗刷恥辱，最好的辦法是修改和約。但是宋朝沒有這個力量，於是就想製造一些政治事件加以炫耀。這個辦法就是封禪。但封禪需要天降的大祥瑞，於是宋真宗和他的宰相王欽若就製造了天書，掛在宮中的一個地方，然後告訴大臣們說，我夜裏做夢夢見上帝要給我一件什麼東西，並帶著大臣們去看，果然有一卷天書。不久，泰山上也發現了天書。天書上寫著，上帝因為趙氏的功德卓著，所以讓他家做了天子。而真宗又德行高尚，把國家治理得很好，所以應受到表彰。

天書可說是所有祥瑞中最重要的祥瑞，於是宋真宗就到泰山封禪。封禪以後，又到河南鹿邑縣祭祀老子，又到山西汾陰去祭祀后土。他又修建了儒教的萬神殿，把祭祀上帝時陪同的神靈們都塑了像放在裏面，每神都有一個房間。神共有六七百位。假如這個神殿和唐代的明堂都留傳下來，都會是世界一流的規模宏大的宗教建築。

但是這樣做花費太大了，宋朝的國力又不足以支持，宋

真宗死，臣子們就把他的天書和他一起埋葬了。並且從此以後，儒者們談封禪色變，儒教中的封禪禮儀，實際上就被取消了。

三、宋代趙氏的始祖神

據司馬遷的考察，劉邦以前的天子，都有黃帝的血統。劉邦由於血統難尋，所以漢代出現了感生帝說。說劉邦的母親在河邊遇龍，就是這種感生神話的體現之一。

依理而論，有了感生帝說，是否有黃帝等做過上帝的古代君主的血統，也就是可有可無的事。然而，既是天子，就應當是上帝之子。所以劉邦以後那些做皇帝的，還是要頑強地通過家族系譜，尋找自己的上帝血統。王莽做皇帝時，尋找的結果是，王氏乃是舜帝的後代；曹丕做皇帝時，也把自己的世系追溯到舜。後來，就沒人再追溯了。但是宋真宗並不甘心，他仍然要為趙氏尋找一個更為確實的上帝血統。

大中祥符五年十月，宋真宗說，他又夢見以前曾經降臨的神人，向他傳達玉皇的命令，說天書是玉皇命令趙氏的先祖送的。為了使宋真宗相信，神人說要帶他見見自己的先祖。

第二天，趙氏的先祖就降臨到宮中，中間一神，就是趙氏的先祖。旁邊還有六個人，向趙氏先祖行禮之後才坐下。宋真宗也要向那六位下跪，被他的先祖制止了，只讓他作了

個揖。這就是說，宋真宗在神間，其地位也非常崇高。

　　大家就坐之後，趙氏先祖對宋真宗說，他是九位人皇中的一位，是趙氏的始祖。曾降臨下界為軒轅皇帝，也就是黃帝。司馬遷說軒轅為少典之子，是錯誤的。他在後唐時又奉玉帝的命令，於七月一日降臨下界，總治人間，主持趙氏家族，到現在已經百年。他希望宋真宗好好地治理天下，不要懈怠。

　　宋代趙氏，如果向上追溯，那麼很可能追到戰國時的趙國。趙國的趙氏，是他們的祖先娶了胡人的妻子生的。因此，趙氏有一半乃是所謂胡人的血統。這是宋代趙氏感到難堪的。此外，戰國趙氏和秦國嬴氏乃是同宗，這大約也是宋代趙氏要另尋祖先的原因。

　　據趙氏的先祖所說，則宋代趙氏是他又一次下凡時創生的，因而就是純正的上帝血統。有這樣一個血統，自然是非常光榮的。這年閏十月，宋真宗把自己的始祖尊為「聖祖上靈高道九天司命保生天尊大帝」，並到南郊祭天，將此事稟告昊天上帝。

四、昊天上帝和玉皇大帝

　　宋真宗當時還幹了一件大事，就是給昊天上帝上了一個尊號。

　　上尊號，是儒教國家的臣子們對皇帝的表彰。每當皇帝有了重大成就，或者是逢什麼節日或重大事件，臣子們都要根據皇帝的功德，給皇帝上一個尊號。隨便舉個例子吧，比如宋朝開國皇帝趙匡胤，他的正式完全稱號為：「啟運立極英武睿文神德聖功至明大孝皇帝。」「皇帝」前面那一連串的稱號，都是臣子們陸續獻上的。

　　皇帝對於上帝，也是臣子。在儒教經典中，就往往稱天子為「帝臣」，即上帝的臣子。所以，天子也有義務向上帝奉獻尊號。

　　就在見過先祖之後第三年，宋真宗向上帝獻上尊號：「太上開天執符御曆含真體道玉皇大天帝。」並且塑了神像，加以祭祀。

　　玉皇這個名字來自道教。據道教的〈真靈位業圖〉，在天尊之下，有一位普通神仙，名叫玉皇。唐代，在國家的正式祭典中，上帝仍然是昊天上帝，但在不少人的詩文中，則常常把玉皇、玉帝用作上帝的稱號。但在宋真宗的眼裏，這位玉皇就是上帝，是至上神。這個稱號，帶有濃厚的道教色彩，但他又是儒教的上帝。因為玉皇在道教那裏原本不過是個普通的神仙。

　　到宋徽宗時，有人發生了疑問，這個玉皇和昊天上帝究竟是什麼關係呢？他們是一尊神，還是兩尊神？為了回答這個疑問，宋徽宗在玉皇號前加上「昊天」二字，成「昊天玉皇上帝」。就是說，這玉皇，就是昊天，他們是一尊神，不是

兩尊神。宋徽宗的決定表明，這個玉皇大帝，不過是宋真宗
給上帝所上的尊號。從儒教這方面說，是自己的上帝容納了
道教的內容；從道教方面說，則是儒教把上帝作為至上神加
給了道教。因為道教在很長的時期裏，已經僅把三清作為至
上神了。這個玉皇大天帝是儒道二教結合的產物。從此以後，
在道教的宮觀裏，就多出了一位玉皇大帝，而三清則逐漸退
居次要地位了。

　　至於在民間，特別是由於《西遊記》的影響，使許多中
國人只認玉皇大帝為上帝，而不知道昊天上帝了。實際上，
中國的上帝的正式名號，乃是昊天上帝。

　　宋真宗給上帝塑了神像，表明在宋代仍然有人保持著神
人同形的觀念。這種現象也不是儒教所獨有。利瑪竇來華傳
教，也帶著上帝的神像，雖然利瑪竇是個很有學問的基督教
神學家。這種個人感情和理性思維的矛盾，也是宗教觀念中
的永恆矛盾。而北宋的儒者，對儒教的上帝觀念，則在前人
的基礎上又發展了一步。

五、張載的乾父坤母說

　　早在張載之前，儒者根據中國古代哲學的氣論，認為氣
是有靈的，所以，當氣聚合為人時，人才會有精神，有靈魂。
天也是氣的凝聚，因此，天也有靈。所說的上帝，就是天的

靈。張載繼承了這樣的哲學，講得更加明確和肯定。

張載說，氣充滿了一切。它從來就存在，不是被創生的，也不會消滅為無。它凝聚就成為物，消散就又變成氣。萬物的生生死死，就是氣的凝聚消散。這就像水中的冰。水凝結就成為冰，冰融化就又成為水。

我們看到的茫茫太空，也充滿了氣，不是所謂的空。也就是說，天，也就是氣。

氣的本性，是虛靈和神妙的。精神，還有人的本性，都是氣所固有的。這叫做「氣之性本虛而神」，「神與性乃氣所固有」。

依張載說，則那茫茫大氣，就是天，它是上帝的形體。而氣中固有的神，則是上帝之靈。在儒者的心目中，上帝和人一樣，也是由形體和靈魂兩部分構成的。

但是，所謂天，又不僅僅是我們頭頂的天。由於氣充滿一切，所以可以說，到處都是天。構成我們身體的也是氣，因此也可以說，天就在我們身上，在我們心中。

因此，張載不採用傳統的天父地母說，而說那作為萬物父母的，乃是氣的乾性和坤性。由於這兩種性情或說性格的相互作用，形成了天地人和萬物。因此，乾性，乃是人和萬物的父親；坤性，乃是人和萬物的母親。渺小的人處於天地之間，那充滿在天地之間的氣，就是我的身體；天地的靈魂，就是我的本性。民眾是我的同胞；其他生物，就是我的夥伴。

君主，乃是乾父坤母的嫡長子；大臣，乃是嫡長子的管

家。一般人，也是乾坤之子，不過是一般的子女，不是嫡親長子。

這樣，張載就把上帝，把上帝和人的關係做了重新解釋。然而，依儒家學說，天的性情是乾，地的性情是坤，所以乾父坤母說不過是天父地母的另一說法而已。乾父坤母說的長處，在於它說明，天和地都不是一團死的物質，而是有靈魂、有性情的存在。上帝，就是天的靈性。

六、程氏兄弟的「天即理」說

和張載同時，程顥、程頤兄弟提出了「天即理」說。

理，指的是事物條理或者秩序。比如說，木頭的木紋，動物的身體構造，都有一定的秩序和條理。再大的事物，天上的日月星辰，地上的山川湖海，都有一定的秩序或者條理。那麼，世界上的一切為什麼都有條理和秩序呢？依照基督教的說法，這些都是上帝造的，因為只有上帝才有如此高超的智慧和能力。然而儒教一開始就否認上帝不憚勞苦地一個個製造事物，而認為萬物都是自然形成的。形成世界萬物的質料都是氣。由此推定，這條理或者秩序一定是氣中固有的東西。

事物存在著某種條理或者秩序，這是戰國時代的思想家就認識到了的。但是，把萬物的秩序和條理說成是氣所固有

的，乃是程氏兄弟的貢獻。他們說，氣是有理的，所以在氣凝聚為物時，物才會具有條理或者秩序。

然而他們沒有到此為止。他們說，這理，乃是氣的主宰。也就是說，氣的一切運動變化，都是由理在指揮、在支配的。

他們反對張載的氣不會被創生、也不會被消滅的說法，認為那構成萬物的氣，一旦消散，就逐漸歸結為無。如果要再產生新的事物，就需要有新的氣被創生出來。那能夠創生氣的存在，就是理。當氣消散並且歸結為無時，理並不消散。理是永恆存在的，是不被創生、也不會歸結為無的。

世上的一切都是由氣聚合而成的，而理又是氣的主宰，也就是說，理主宰著世界上的一切。那主宰世界一切的是什麼呢？自然就是上帝。所以程氏兄弟認為，天，就是理。從它的形體說，是天；從它的有條理說，是理；從它的主宰作用說，是上帝；從它的性情說，是乾。因此，天、理、乾、上帝，指的都是一個東西，不過是從不同角度對同一對象的描述罷了。

這就好比說一個人。這個人，有他的身體，也有他的精神，有他的性格，也有他的職務。然而這些，都不過是從不同角度對同一個人的描述罷了。

依程氏兄弟所說，在這些描述中，理是最重要的。所以歸根到底，天即理。也就是說，上帝，就是理。即那個在氣沒有的時候要創生氣，當氣存在的時候又和氣不分離，當氣運動變化時它主宰氣，當氣消散時它卻不消散的那個東西。

就其實際而言，程氏兄弟和張載的上帝觀，和基督教的上帝觀沒有本質差別。不同的是，中國儒者不能理解那無所依附而憑空存在的純粹的靈，而基督教則不能理解，那至高至上的上帝怎麼能和下賤的物質攪和在一起。這一點，我們以後再說吧。

程氏反對張載的氣無生滅、只有聚散的說法，認為這種說法類似佛教的大輪迴。張載則認為，程氏兄弟的說法類似老子的無中生有。

在張載看來，氣運動的規律性，萬物的條理或者秩序，是氣運動的規則和條理。不是可以離開氣而獨立存在的東西，也不是氣的主宰。然而在程氏兄弟看來，氣的運動之所以有規律，氣所聚合而成的事物之所以有秩序、條理，乃是理作了氣的主宰。

後來，程氏的主張被朱熹接受，成為宋代以後儒教上帝觀的正統。然而，張載的主張也總是有人提起，和程氏的上帝觀對立。而在大體上，他們又基本一致，都認為上帝就是那昊大元氣中所固有的、精神性的東西。

七、北宋儒者的鬼神觀

為了幫助大家理解北宋儒者的上帝觀，介紹一點他們的鬼神觀念是必要的。

從唐代以來，儒者們逐漸形成了這樣一種認識，即人有聖賢，也有愚人。聖賢死後為神，一般人死後為鬼。王安石、蘇軾等人，就繼承了這樣的觀念。

王安石最重要的著作，是他為《周禮》所作的注。在他看來，《周禮》中說的「大神」，就是昊天上帝。五帝，乃是昊天的助手。

天和神不同。天就是上帝，神，乃是上帝的下屬。而神和祇也不同。神在天上，祇是地上的神，所以稱天神、地祇。

二者之外，還有人鬼。人鬼，就是人死後為鬼。古代的王者，還有那些聖賢君子，死後就到天上成神，一般人，則成鬼。鬼和神的區別，就是尊和卑的區別。人在世的時候，用官職高低、有官無官來區別尊卑，死後，就以鬼神、或者神的級別來區別尊卑。在王安石看來，這是非常必要的。

蘇軾在政治上不完全贊成王安石，但在鬼神問題上，則和王持有基本一致的意見。

蘇軾說，人能成神，主要原因是志向高。一般人，志向不過是飲食男女。聖人賢人就不一樣。他們志向高遠，而且始終如一。無論是做天下的主人，還是做一個百姓，對於他的志向，都無所改變。所以，聖賢死就為神，一般人死就為鬼。

那麼，聖賢死後為神的情形怎麼樣呢？蘇軾舉出韓愈為例。韓愈由於生前做過潮州刺史，雖然時間很短，但為當地群眾辦了很多好事，所以韓愈死後，當地人就立了碑，建了

廟，來祭祀韓愈。有人不同意潮州人的作法。理由是，韓愈
到潮州是被貶去的。如果韓愈活著，他也不一定願意在潮州
做官。現在潮州人在當地祭祀韓愈，豈不是要韓愈死後也不
能離開潮州！

　　蘇軾在他為潮州韓愈廟題碑時寫道，像韓愈這樣的人，
和《詩經》上歌頌的商、周時代的賢臣一樣，都是天上的星
宿下凡，或者是名山的靈氣所降生。所以他們才有非凡的智
慧和勇氣。他們死後，就成為神。這神，不是固定在一個地
方的。它就像地中的水，到處存在。你在什麼地方挖井，它
就在什麼地方出水。潮州人祭祀韓愈，是他們對韓愈思念心
切，但這並不是說，韓愈的靈魂就只能住在潮州。

　　那麼，這無處不在的靈魂，乃是一個無形的精神存在。
這就是宋代儒者的鬼神觀念。

　　北宋有一篇文獻，名字叫「漁樵對問」，即一個漁夫和一
個樵夫的問答。這篇文獻，有人說是張載的，也有人說是邵
雍的，也有說是一個叫張安上的人寫的。到了清朝，《四庫全
書》的作者們認為，這是宋代流行的意見，大約是後人整理
出來的。也就是說，這篇文獻中的觀點，代表了當時儒者們
的普遍認識。這篇文章認為，人死以後，靈魂是不死的。鬼，
乃是人的影子。就像月亮是太陽的影子一樣。人在白天活動，
鬼在晚上活動，但鬼是存在的。

　　那麼，鬼和神又是什麼東西構成的呢？北宋的儒者認為，
也是氣。這一點，和人沒有區別。

　　張載給鬼神下的定義，後來被大多數儒者所接受。魯迅在〈祝福〉一文中曾經提到的那位理學先生，相信「鬼神者，二氣之良能也」，就是宋代以後廣泛流行的鬼神觀念。這個觀念，是張載提供的。

　　「鬼神者，二氣之良能也」是什麼意思呢？就是說，鬼神，是陰陽二氣中所固有的能。這和他主張「神與性乃氣所固有」是一個意思。這固有的能，也就是固有的神性。張載由此得出結論，鬼神存在於一切事物之中，是無法擺脫的。

　　當人在世的時候，氣中固有的能，或者神與性，就是人的精神。人死以後，這固有的能，或者神與性，並沒有消失，它成為鬼神。鬼神既然如此，那麼，它也就像地中的水，無處不在。在這個問題上，王安石、蘇軾等人用具體的事例加以說明，張載則用哲學本體論的語言加以說明。

　　就鬼神是二氣之良能的意義上說，上帝和鬼神也是一個意思。因為上帝的形體也是氣，上帝的主宰則是氣中固有的精神存在。所以，程頤說，從它的主宰作用說，是上帝；從它的神妙作用說，就是鬼神。鬼神和上帝，也是同實異名的概念。

八、北宋儒者論天人關係

　　按照北宋儒者的意見，上帝不僅是高高在上的存在，亦

是人仰慕和敬畏的對象。而且由於上帝和人都是同一的氣的
凝聚，因此，人和上帝可以說就是一體，氣中那固有的精神
存在，既是上帝，也是人的靈魂，那麼，也可以說上帝就在
我的心中。人和上帝的距離，因此也就非常接近了。

中國人過去有一句話，叫做「頭上三尺有青天」。按照北
宋儒者的說法，則三尺也顯得太遠，應該是我身之中就有青
天。

依張載說，本性就是氣中固有的東西。而所謂本性，他
指的是孟子曾經說過的仁義禮智。在孟子看來，這本性是人
所固有的，不是從外面強加的。張載給孟子的說法作了哲學
的說明，認為那是氣中固有的，因而也是人與生俱來的、固
有的東西。既然是人固有的，那麼，人就應該按照這樣的本
性去做。否則的話，那還叫個人嗎！就像鳥兒的本性是飛，
魚兒的本性是游。如果鳥兒不飛卻要去游，那還叫做鳥兒嗎？
魚兒不游卻要去飛，那還叫做魚兒嗎？著名的思想家王夫之
說，張載最大的貢獻，就是揭示了仁義禮智的本性乃是人所
固有的，從而提高了人遵守社會秩序的自覺性。

依程氏兄弟的說法，則是氣中之理構成了人的本性。而
所謂理，基本內容就是仁義禮智。因為古代社會的秩序就是
靠這樣的規則來維持的，把它們稱為理，也是非常恰當的。
這樣一來，也就是上帝就在我的心中。程氏和張載一樣，講
的都是上帝和我一體，社會的規則就是我的本性。因此，我
應該自覺地遵守這些規則，否則就不能算作一個人。

這就是北宋儒者對天人關係的最新見解。

那麼，這和以前的天人感應、天道自然是什麼關係呢？

九、天道自然和天人感應在宋代

在程氏兄弟看來，在理的主宰作用下，一切都是自然而然發生的，不是誰的有意安排。不是人的有意安排，也不是上帝的有意安排。或者說，上帝就是理，上帝的安排就是這樣的自然而然。

打個比方說，就像上帝給這個世界輸入了一個程序，上帝本身也就是這個程序。世界就按這個程序運行，不需要誰的干預。所以程氏兄弟常常說，這理是自然而然的，是不需要誰的安排的。他們每當想起這類事情，就感到無比興奮，就是在夜裏也常常禁不住手舞足蹈起來。

以前儒者的天道自然原則，在他們這裏得到了更加徹底的貫徹。

北宋儒者也不反對天人感應。他們認為，上帝是能夠賞善罰惡的。人做了壞事，會受到上帝的懲罰；做了好事，也會受到上帝的表彰。

這個方式自然是盡善盡美的，所以人們應該遵循。遵循它，就可以得到天的佑護；而天，是明察一切，並且賞善罰惡的。程頤說，人的行為如果能夠順從天意，就一定得到天

的保佑。如果不能，甚至放縱自己的欲望，就一定會遭到上帝的懲罰。一些淺薄的人說上帝不能對人的行為作出反應，這是錯誤的。但是漢代儒者把上帝的賞罰說得太具體，硬要說某種天象就是報應某人，這就往往出錯，但不能因此否認上帝的賞罰作用。在程頤看來，善有善報，惡有惡報，也是一種自然之理，是必然要發生的事。這樣，天人感應和天道自然，這在過去曾經是對立的意見，在北宋儒者這裏統一起來了。

程氏兄弟承認有些報應沒有實現，或者沒有發生。但他們認為，這僅僅是僥倖。或者說，是偶然發生的現象。

十、北宋儒者主要的事天方式

北宋儒者不否認天人感應，但是他們所指望的，主要不是天的如何報應。在他們看來，這是不需要人來考慮的。就像一個臣子不應該考慮皇帝如何報答自己，所應該考慮的，就是怎麼按上帝的指示去做。自己做得好，問心無愧，就是盡到了自己的責任和義務。至於天會如何報答自己，不是自己應該考慮的事。他們堅信，只要自己做得好，就一定會有好報。

要時時刻刻按照上帝的指示去做，首先就要認清上帝時時刻刻就在你的身邊。程頤主張，要把祭祀上帝鬼神時的恭

敬心情帶到日常生活之中，無論做什麼事，都要採取誠信、敬畏的態度。這既是對自己的約束，也是在事奉上帝。

程頤說，你寫字的時候，就應該恭敬，這就是學問。你辦事時，也要恭敬，但是別太做作。你的一言一行，視聽言動，都要採取恭敬的態度。要像孔子說的那樣，非禮勿視，非禮勿聽。這樣，就可以杜絕所有的邪門歪道，也是你用實際行動事奉上帝。

在過去，儒者們主要是通過祭祀等手段來事奉上帝，北宋儒者則把這種外在的行為化為內心的虔誠。把事奉上帝的行為貫徹到時時刻刻。

北宋儒者也主張祭祀，也認為祭祀是必要的事天手段。但他們認為更重要的，乃是心中那無時不在、無處不在的虔誠和敬畏。

第七章

南宋的上帝信仰和祭祀

南宋儒教繼承北宋儒教的上帝觀念，同時又有所發展。就在這一時期，道教把上帝請進了自己的宮觀，卻在「三清」之下，而且為玉皇大帝塑了人形神像。這雖然嚴重違背儒教的教義，但是，因為這樣做可以引起一般民眾的敬仰之心，儒教學者只好睜一眼、閉一眼的容忍道教的作法。南宋時期的上帝信仰，繼承了傳統的思想成果，確定了信仰和制度，對後世影響深遠。

　　南宋儒教繼承北宋儒教的上帝觀念，同時又有所發展。
就在這一時期，道教把上帝請進了自己的宮觀，民間也出現
了祭祀上帝的行為。儒教學者，對這一違背儒教禮儀的行為
採取了睜一眼、閉一眼的態度。

　　南宋時期的上帝信仰，繼承了傳統的思想成果，又有新
的發展。由南宋確定的信仰和制度，對後世影響深遠，所以
本章的敘述，也將較為詳細。

一、動亂中的南宋君臣對上帝指示的渴望

　　南宋是在戰火中建立的朝代，第一代皇帝趙構在離亂奔
逃的時刻，特別希望得到上帝的指示。

　　得到上帝指示最可靠的方式就是觀測天象。趙構於建炎
元年（1127 年）農曆五月初一即皇帝位，幾天以後，就發佈
詔書，命令太史局要認真上報天象吉凶。如有隱瞞，軍法處
置。

　　第三年夏天，陰雨連綿。趙構讓輔政大臣們查一查，是
不是下面有人搞陰謀。當時的輔政大臣呂頤浩、張浚說，這
大約是因為我們辦事不力，應該辭職。趙構說，你們怎麼能
辭職呢？應當召集大家討論一下。

　　朝臣們來了。御史中丞張守認為，皇帝已經下了好幾道
罪己詔，但上帝仍然沒有寬恕，這或許是上帝要引導皇上建

立重新振興大宋的功業。要建立這樣的功業，需要優秀的相才。現在的宰相，在某一方面，是能幹的人才，但要統領全局，卻沒有這樣的才幹。漢代遇到重大天變，就要更換大臣。現在應該找那有才能者，來替換當今的宰相。中書舍人季陵則認為，天久雨不晴，是陰氣太盛。陰氣太盛有三大表現，一是外面有些將帥權勢太重，二是宮內宦官勢力太大，三是對祖宗的祭祀不夠周到，希望皇帝能夠改變這種狀況。趙構覺得他們講的都很好。最後，司勳員外郎趙鼎認為，如今的災難，全是因為王安石當時實行的政策。後來蔡京他們又繼承了王安石的政策，終於導致今天的災難。可是現在王安石的靈魂仍然陪同神宗皇帝享受祭祀，這是上帝所不答應的，應該把王安石從神宗的廟堂中驅逐出去。

最後決定，把王安石驅逐出宋神宗的廟廷。

兩個月後，金兵南下。趙構率領文武百官，準備離開南京逃難。這時，他看到太白星，也就是金星，逼近了明堂座，這是臣下有人謀反的象徵。趙構非常害怕。不久，金星離開了明堂座。趙構鬆了一口氣，對宰相說，上帝愛護君主，就像父親愛護兒子。兒子有了過錯，父親就要警告他；兒子改正了，父親就會更加愛他。臣子王絢說，今夜太白離明堂還會遠一些，後來果然如此。就在這一天，趙構離開了南京。

幾天後，車駕到了無錫縣。有個叫周望的說，他夜觀天象，牽牛星十分光明，處於東南，這說明金兵不會渡江，可能會騷擾陝西、湖北一帶。趙構說，這都是根據《晉書·天

文志》做出的推測，未必準確。

　　根據宋朝的法令，不許民間人士從事對天象的觀測和研究。在當時的儒者看來，這是國家的高級機密，不許一般人參與。另一面，也防止有人借此惹是生非。這時候，趙構則感到了天文官員的推測難如人意。他對臣子們說，我們過去禁止私人研究天象，所以除了太史以外，再無人懂得，這一點不如金國。金國沒有這樣的禁令，所以許多人都懂得天象。

　　趙構對天文官員的預測不滿意，只好自己親自觀測。十幾天後，天文官報告說，根據推算，火星將要進入太微垣。趙構說，這人只知道一點皮毛。我夜裏打開星圖，看著天象，四更天的時候，見火星已經進入太微垣一度半之多。後來，由於認為火星的運動出了誤差，趙構依照傳統，損減了飯菜的質量。臣下勸阻，他說，等到火星的運行恢復了正常，我再恢復正常的飲食標準。

　　在動亂的年代，南宋君臣戰戰兢兢地注視著上帝對他們的態度。

二、南宋中期君臣對上帝指示的重視

　　宋高宗趙構死，宋孝宗繼位。數年之後的秋冬交替的時候，天也是久雨不晴。但到該舉行郊祀祭天的冬至前夕，雨忽然停了下來，使孝宗得以順利完成郊祭。有臣子認為，這

是由於皇帝對上帝畏懼恭敬，得到了上帝的報答，並且要求
把這件事載入史冊。這時，著名的儒者張栻上奏章道，陛下
的心，就是上帝的心。由於陛下的心思不定，所以天才乍陰
乍晴。所說天人是一個整體，上帝的反應非常明確，就是這
個道理。我願陛下不要把這件事當作祥瑞，而要因此常存畏
懼的心。應該想到，上帝為什麼不及早地撤走陰雲，使陛下
無憂無慮，為什麼要先表示警告，然後才放晴呢？這是上帝
對陛下的愛護深切啊！上帝的意思是說，現在君子和小人的
鬥爭，處於不確定的狀態。國家的治亂，也就隨之不能肯定。
如何處理，是需要陛下認真考慮的啊！

　　淳熙八年（1181 年），因為天災，連年歉收。這年夏天
又久雨不晴，秋冬則久旱不雨，造成了饑荒，許多百姓拋棄
了自己的子女。這一年，朝廷下令，收養這些子女的人家，
可以到政府申報登記，作為親生子女，以後可不被親生父母
認領。冬季，著名的儒者朱熹被皇帝諮詢，論述災害和天變
的原因說，陛下登基二十年來，水災旱災沒有斷過，我想，
政治上是不是該辦的大事未辦？法律上是不是量刑不夠恰當？
用人上是不是用了小人而忽略了君子？修養上是不是喜歡聽
阿諛奉承而拒絕忠直之言？財政上是不是稅收太多對百姓施
恩不夠？作風上是不是喜歡責備別人而缺少自我批評？一定
要有上述原因，才能招來如此的災害，希望陛下一定要加以
整頓。宋孝宗說，我見到災變，就十分地恐懼，未嘗不一日
三省吾身。

　　又過了三年，金國皇帝北巡，到上京暫住。宋朝境內傳言紛紛。有人說是金國內亂，有人說是金兵即將南下。第二年，發生了地震，尚書左司郎官楊萬里上奏章說，我聽說古代的君主，假如臣子們的話不能使他覺悟，上帝的表態可以使他覺悟。現在國家的事情，對於敵情判斷不準到如此地步，君臣上下卻還像太平無事一樣。這就是上帝要使我們覺悟的啊。我只是不知陛下因此醒悟了沒有。楊萬里的奏章，表明一個儒臣對國家命運和前途的深切憂慮。

　　嘉定四年（1211 年），由於連年旱災、蝗災，著作左郎真德秀面見皇帝，論述災害的原因和消除災害的辦法。真德秀說，這幾年來，旱災、蝗災不斷。陛下嚴肅恭敬地面對上帝，憂慮百姓，所以感動上帝賜下了一個好年景。然而天文又發生了變異。這說明，皇帝的一舉一動，甚至一念之差，上帝都是知道的。所以，只要皇帝能夠保持對上帝的敬畏，天災就一定能夠消除。

　　真德秀還說，要消除災害，祭祀祈禱是次要的，修養自己的德行，使政治清明，才是根本。假如僅僅重視次要而忽略了根本，是不能感動上帝的。

　　第二年，雷擊毀了太廟。真德秀又上奏章說，我博覽經籍史傳，只要不是特別無道的時代，雷是不會擊毀太廟的。現在我們國家發生了這樣的事情，這是上帝的憤怒到了極點。對於這種情況，就不能用通常的辦法處理。可是皇上還是像對待普通天變一樣，僅僅損減了自己的飲食標準。這是非常

不夠的。希望陛下一定要認真檢查自己，治理好國家，提高德行，瞭解下情。以求消除災害，天下太平。

　　十幾年之後，宋寧宗死，宋理宗即位。就在理宗即位的寶慶元年（1225 年），著名的儒者張浚之孫張忠恕應詔上言，條陳八事。其第一事就講天人關係。張忠恕認為，天人之間的感應，迅速準確，就像立竿見影，發音應聲。因此，去年冬季打雷，今年春天飛雪，以及天上星象異常，甚至太白金星於白天出現，這都是由於中央政權的原因，不應把責任推給災害所在地區的長官。這道奏章，被當時朝臣們爭相傳誦。也是南宋名臣的儒者魏了翁感歎道，張浚可算是後繼有人了。真德秀則和這位年輕人結為忘年之交。

　　數年之後的紹定四年（1231 年），南宋京城臨安，也就是現在的杭州發生火災。殿前司副都指揮使馮某，率兵專門保護宰相史彌遠的府第，致使大火燒了皇家的宗廟，並燒毀了三省、六部、御史臺、秘書省等政府機構，損失慘重。宋理宗下罪己詔，說是「皇天降威」，並要求內外臣子以及士庶百姓，都可以直言不諱。校書郎蔣重珍上疏，認為火災的原因，是大權旁落，把一切權力交給宰相，辜負了天命。員外郎吳潛希望皇帝修德，「必敬必戒」，「不淫不佚」，「使皇天后土知陛下有畏之之心」，這樣一來，「庶幾天意可回，天災可息」。理宗繼位，是由於史彌遠用陰謀廢掉了原太子，後來史又將原太子逼死。因此有人建議，應給原太子（當時稱濟王）立後以奉祭祀。但理宗一概不聽。也就是說，他雖然認為這

是上帝對自己的警告，但究竟自己犯的是什麼錯誤？他和臣子們的意見則不能一致。

就在大火之後的第二年，即 1232 年，金朝被元兵滅亡了。南宋政權也到了它的後期。

三、南宋後期君臣對上帝指示的態度

嘉熙元年（1237 年），京城臨安又發生大火，燒毀民房五十三萬。宋理宗又下詔，讓大家直言不諱。這一次，「士民上書，咸訴濟王之冤」。史彌遠的弟弟史彌鞏也不滿意史彌遠的作為，應詔上書道：濟王是先帝的兒子，陛下的哥哥，卻使他不能在地下安息，這怎能不干擾天地間的和氣、引起上帝的憤怒呢？編修官徐鹿卿說，我聽說，不可以玩弄的，是上帝的憤怒；不可以忽略的，是人心的不滿。只有消除了人心的不滿，才能平息上帝的憤怒。陛下做皇帝，已經十四年了。十四年來，幾乎年年都有災異。其中三次最大的，應該引起特別的重視。上一次的火災，大家都認為是奸臣史彌遠執政的報應。可是陛下懷念他的擁戴輔佐之功，故意包庇。於是上帝發怒，使我們在對外戰爭中遭到了重大的失敗。這以後，上帝又屢次加以譴責和警告，但是陛下僅僅驅逐了史彌遠，卻未能根本改良政治。這一次火災，應該是陛下徹底醒悟的時候了。

　　嘉熙四年（1240 年），正月出現了彗星。宋理宗下罪己詔，認為這是「謫見上帝，象著甚明」。表示「萬姓有過，在予一人」。不久，又發生旱蝗災害，宋理宗下詔，要求臣子們直言朝政的缺失。寧國知府杜范上書道，皇帝所依靠的，上面是上帝，下面是百姓。近來天上發生了變故，妖妄的彗星噴吐著光芒，冬季裏響起了雷聲，春季又下起了大雪，海潮幾乎淹沒了京城，其他地方卻旱得寸草不生。這是得罪了上帝的表現。作戰失敗了，百姓們強壯的死在了戰場上；鬧起了饑荒，百姓們老弱的死於飢餓。父親拋棄了兒子，丈夫保護不了妻子。百姓們一肚子怨氣，誹謗的聲音充滿了道路。這是得不到百姓的擁護。陛下應該有切實的措施，來平息上帝的憤怒和百姓的怨恨。

　　宋理宗所想出的辦法是，繼把王安石驅逐出神宗皇帝的廟堂之後，又把王安石從孔廟中驅逐出去。

　　這以後，災異仍然接連不斷。淳佑二年（1242 年）冬至，雷電交加。淳佑四年（1244 年）冬十月，天空又響起了雷聲。淳佑五年（1245 年），推算出明年正月一日將發生日食，宋理宗又像從前一樣，要求臣子們獻計獻策，採取一切可以消除災變的措施。日食發生以後，秘書省正字徐霖上書，認為日食是由於皇帝的天理不勝人欲。他說，日，是陽類，象徵著天理、君子。日食的發生，說明了皇帝心中的天理，不能戰勝心中的貪欲；朝廷上的君子，鬥不過那些小人。皇帝縱情於聲色，不能驅逐奸臣，於是感動上帝，發生了日食。

　　按照徐霖的說法，自然是應該放棄縱欲，整頓朝廷。但
是宋理宗雖然相信上帝，卻難以抵制心中的欲望。而南宋的
政治，也就一天天的敗壞下去。

　　淳佑十年（1250 年）冬，臨安又發生火災。國史實錄院
校勘湯漢上書說，過去陛下倒是真的上畏天戒，下恤人言。
但是由於被奸臣所拘制，又害怕那強大的元兵，所以對上帝
敬畏的心腸還不敢鬆懈，而心中那過分的欲望還不敢放縱。
然而這些年來，上帝的警告，臣子們的勸戒，陛下你已經玩
熟了，也厭倦了。那些貪贓誤國的奸臣們又千方百計引導皇
上去發揮自己的私欲，於是，原來還存在的、對上帝敬畏的
心情，也就蕩然無存，而私欲也就四下橫流，無法收拾了。
這樣一來，朝廷的弊政也就越來越多，災害也就層出不窮，
甚至數月之內，就連連發生。

　　這年十二月底立春那天，又響起了雷聲。本來，南宋政
權在南方，南方的春季比北方到來要早，早春打雷也是正常
現象，但在南宋君臣看來，這仍然是上帝憤怒的表現。於是
太學生們就上書請願。有的請願書上寫著：「天本不怒，人激
之使怒；人本無言，雷激之使言」（《續資治通鑑》卷一七三）。
這些話，曾被人們廣泛傳誦。

　　景定五年（1264 年）七月，彗星出現，長數十丈，「四
更見東方，日高始滅」，可見這顆彗星的亮度之高。這被認為
是一次重大的星變事件。理宗又照例損膳避殿，詔求直言。
考功郎官兼崇政殿說書趙景緯上書，批評朝廷「保私人而違

天下之公議」，要求廢除「公田」。所謂公田，是當時的宰相
賈似道讓朝廷出錢從民間購買的田莊。朝廷要買百姓的土地，
其間的強制和不公平狀況，不察可知。趙認為，這是導致彗
星的原因。趙還指出，人之常情，在災異初見的時候，也可
能會有某些恐懼；然而後來那些阿諛奉承的話潮水般湧來，
就往往會改變那最初的態度。這說明，臣子們對於理宗是否
能夠真正改正錯誤，已經喪失了信心。

　　彗星在天空持續了四十多天，不斷有人上書，抨擊賈似
道和他的作為。上書者也不斷遭到賈的打擊。臨安府學學生
葉李、蕭規先被下獄，後被流放。高斯得上書，說「若非大
失人心，何以致天怒如此之暴」。但他的奏章被賈扣壓。建寧
府學教授謝枋得，借考試題目批評「權奸擅國，天心怒，地
氣變」（《續資治通鑑》卷一七七），也被罷官。

　　就在這天怒人怨的情況下，宋理宗去世了，享年六十一
歲。《續資治通鑑》評論說，理宗嗜欲太多，不能兢兢業業地
治理國家，儒臣們給他講經，不過是表面文章。奸臣當道，
外敵強大，以致朝廷日益腐敗，疆土日益縮小。滅亡的日子，
也就不遠了。

　　繼位的宋度宗也是一個荒淫酒色的皇帝。歷史記載，凡
晚上和皇帝同房的妃子，白天要到閣門謝恩，並加以記錄。
宋度宗時，一天到門謝恩的竟有三十多人。咸淳二年（1266
年）冬天打雷，趙景緯又上書，要求度宗「去讒遠色，賤貨
而貴德，則人心悅而天意得」。權中書舍人王應麟上言，認為

冬季打雷的事，只有東漢時發生過。這是奸臣當道的象徵。他迫切希望朝廷能夠驅逐奸臣，謹慎地奉行天命，認真地體會上帝的德行，以使上帝回心轉意。可惜病入膏肓的南宋政權已無力回天了。

四、從驅逐王安石看宋代儒教的上帝信仰

王安石先被驅逐出神宗廟廷，原因是天久雨不晴；理宗朝又被從孔廟中驅逐，理由是不畏懼天命。孔子說過，君子有三種畏懼的東西，一是畏懼天命，二是畏懼大人，三是畏懼聖人之言。那麼，不畏天命，也就是說，不畏懼上帝的指示，自然就是小人。作為小人，怎麼還能陪同孔子享受國家和儒者們的祭祀呢？所以，把王安石驅逐出孔子廟廷就是十分正常的事。

王安石是北宋著名的儒者，也是一位偉大的政治家。為了國家的富強，他堅決實行變法，頒佈了許多新的法令制度。由於他對儒學的巨大貢獻，死後曾經以和孟子同樣的地位陪同孔子享受儒者們的祭祀。同時，他也遭到敵對勢力的抨擊，所謂「不畏天命」，就是他的敵對勢力加給他的一個罪名。

王安石入相之前，無論人品還是學問，可說都是儒者的榜樣。然而，變法一開始，情況就發生了變化。熙寧二年（1069年）二月，王安石任參知政事，主持變法。就在這一月，宰

相富弼上〈論災異而非時數奏〉，指責「有為帝言災異皆天數，非人事得失所致者」。富弼認為：「人君所畏唯天。若不畏天，何事不可為者？此必奸人欲進邪說以搖上心。」（《續資治通鑑》卷六六）這個「有為帝言」者，就是指王安石。

第二年，學士院舉行考試，試題問如何看待「今朝廷以為天變不足懼，人言不足恤，祖宗之法不足守。」（《續資治通鑑》卷六七）王安石對天的態度成為嚴重的宗教一政治問題。

熙寧五年（1072 年），司天監靈臺郎尤瑛上書，認為「天久陰，星失度，宜罷免王安石。」（《續資治通鑑》卷六九）

同年三月，市易等法頒佈。曾經推薦王安石的元老重臣文彥博言事，認為這些新法「損國體，斂民怨，致華嶽山崩，天意示警」（同上）。

熙寧七年（1074 年）春天，久旱不雨。宋神宗損膳，企圖減災。曾經向宋神宗極力推薦王安石的近臣、翰林學士韓維勸神宗痛下罪己詔，認為這是「政失厥中，以干陰陽之和。」（《續資治通鑑》卷七〇）宋神宗長吁短歎，憂形於色。王安石勸慰說，水旱災害，即使堯和湯也無法避免，只要治理好人事，就是對天意的回應。宋神宗說，我所害怕的，正是人事沒有治理好啊！在上天的警告面前，宋神宗準備退縮了。

就在此時，鄭俠把農民背井離鄉的悲慘情景畫成圖，送給皇帝。要求廢除新法，以「下召和氣，上應天心，延百姓垂死之命」。並且斷言：「陛下觀臣之圖，行臣之言，十日不雨，即乞斬臣宣德門外，以正欺君之罪」（同上）。宋神宗接

到鄭俠的上書，寢不能寐，於是下令廢除新法。據《續資治通鑑》卷七〇載：「民間歡叫相賀。是日，果雨。」實際上，這次僅廢除了方田法。

司馬光在御史臺看到神宗的罪己詔書，感激涕零，他認為自己不能沉默，也上奏摺，指出六條政治缺失，要求「自熙寧二年以來所行新法，有不便者，悉罷之，則民氣和而天意解矣。」（同上）加上皇太后、太皇太后的出面干涉，王安石終於被解職了。

不過這次王安石被解職，新法還沒有被完全廢除。近一年之後，王安石被重新啟用。就在這時，天上出現了彗星。皇帝依慣例避殿減膳，下詔求言。這次王安石和神宗發生了直接衝突：「王安石率同列上疏，言晉武帝五年彗出軫，十年又有孛，而其在位一十八年，與《乙巳占》所期不合。蓋天道遠，先王雖有官占，而所信者人事而已。」（《續資治通鑑》卷七一）王安石還希望神宗能如此勸慰兩宮太后。然而這一次，宋神宗親自向王安石發難，說不論如何，出彗星總不是件好事，於是，王安石就稱病不出了。

臣子們也紛紛上書，認為只有罷免王安石，廢除新法，才可以報答天變。王安石的弟弟王安禮也上書，認為彗星是由於左右大臣「是非好惡不求諸道」，以致「干陰陽而致星變」（同上）。十二天後，彗星消失。消失後十天，張方平繼續上書，認為「天地之變，人心實為之。故和氣不應，災異荐作。」（同上）

一年以後，王安石第二次被解除了宰相的職務。

南宋時代先將王安石從神宗廟中驅逐，以後又將王安石從孔廟中驅逐，不過是北宋以來王安石批評不畏天命的繼續。

王安石是否真的不畏天命，不是這裏要討論的問題。但是這個事件，充分說明了上帝信仰在儒教中的地位和作用。

五、朱熹的上帝信仰

朱熹是南宋最著名的儒者，也是宋代以後儒者們崇拜的對象，他的上帝信仰具有普遍的代表意義。

朱熹忠實地繼承了程頤的上帝觀，也把理作為上帝。他說，天，就是理。天的尊貴，是無法比擬的。違背理，就是得罪了天。這時候，求拜灶神等其他小神是無法免罪的。同時，朱熹也認為，天即理的意思是說，無論大事、小事，都是自然具有條理秩序的。不敢違背這個理，就是畏懼上天。

有人問，假如得罪了上天，是指得罪了那個蒼蒼之天呢，還是得罪了那個理？朱熹說，天之所以為天，就是個理字。天假如沒有這個理，就不能成為天。所以說，天指的是形體，上帝指的是主宰作用。不過儒教的上帝不是道教中穿著衣服坐在殿上的人形的三清大帝，蒼蒼之天的形象就是儒教上帝的形象。

認為天就是理，或者說理就是上帝，並沒有取消上帝的

神性，反而是把對天或上帝的敬畏貫徹到了生活的每一方面
和每一時刻。同時，朱熹仍然虔誠地保持著漢代以來的天人
感應觀念。

前面我們已經介紹了朱熹在淳熙八年因天災上言的內
容，這樣的內容乃是朱熹的基本信念。朱熹任經筵講官時，
曾對皇帝面陳四事，其一是不該大興土木修建舊日東宮。理
由是累日以來，雷霆之後，又是陰雨，天沒有放晴的時候，
有時甚至夜間明亮而白天昏暗。朱熹認為，這一定是政策上
出了什麼問題，沒有滿足人民的要求，導致陰邪侵犯陽德。
他懷疑這大興土木不是出於皇帝的本心，而是由於奸臣的誤
導。他擔心這樣做不僅會使上帝憤怒，也將使百姓遭殃：「臣
恐不惟上帝震怒，災異數出……亦恐畿甸百姓飢餓流離。」
（《經筵留身面陳四事箚子》）

這個奏摺還有一個附錄說，上次雷雨的時候，曾經發生
了地震。此後又一連發生了幾次地震。這都是明白無誤的「天
戒」，他希望皇帝能夠加以高度重視。

在另一道《論災異箚子》中，朱熹描述了當月五日夜間
忽然黑氣彌漫，撲面都是沙土的災異。他因此思索，這些都
是陰盛陽衰的表現，所以即使皇帝下了罪己詔，但「天心」
仍然不愉快，所以必須另作主張。他想到，古代帝王遇到災
異就修養自己的德行，終於使災害變成祥瑞。於是建議皇帝
日思夜想，一舉一動之間，都要像古代的聖帝明王一樣，「當
若皇天上帝臨之在上，宗社神靈守之在旁」，和大小臣子們要

「日夕謀議，以求天意之所在」。

朱熹和所有的儒者一樣，不僅認為上帝是存在的，而且認為上帝是有「心」、有「意」的。而上帝之心，或者說是「天心」，其基本的内容是「生物」，即，使事物降生、生長：「天地以生物為心，而所生之物因各得夫天地之心以為心，所以人皆有不忍人之心也。」(《孟子集注・公孫丑上》) 也就是說，人的心，乃是上帝之心的一部分。這和基督教認為人的靈魂就是上帝的一部分，乃是一個意思。上帝的心是要讓萬物很好的生長，所以人心才會是仁愛的。用他著名的哲學命題來說，就是人的仁心乃是天心的「理一分殊」：「天地以此心普及萬物，人得之遂為人之心。」(《朱子語類》卷一) 不過，天心未必像人心那樣地思慮，把天心等同於人心是不對的。但天心也不是漠然無為。它主宰著世界，也主宰著人類。

朱熹虔誠地相信上帝的存在和對世界、人類的主宰，但堅決否認上帝具有人的形象。他說，天，就是那個蒼蒼之天。如果要說有個人在那裏賞善罰惡，是不對的；但因此而說天地之間除人之外沒有主宰，也是不對的。他認為，這是認識上帝的關鍵，也是有關上帝道理的最微妙的地方。

上帝的作用，就是不斷地發佈命令。在人間，能最忠實地執行天命的是聖人。聖人，就是天命他來治理和教化百姓的人。所以聖人的德行，就純粹地全是天理。聖人的行動，也就完全地符合天道。這是因為，聖人的心，和上帝的心是合一的：「惟是聖人之心與天合一。」(《朱子語類》卷八四)

正是由於聖人的心與上帝之心合而為一，所以聖人的行事才完全地合乎天理。而聖人的每一行為，也都關係著國家的盛衰。而這一切，又都是天命。

聖人死，他的精神上與天合，與天為一。《詩經》上說：「文王陟降，在帝左右。」在朱熹看來，這說的就是「文王既沒，精神上與天合」。不過，也不是說真的有個文王在那裏上上下下，但這也不是詩人胡說。這裏的道理，需要你自己深刻領會。

從朱熹思想中我們看到，在宋代，神人同形的觀念已經遭到上層儒者的堅決擯棄。但是宋代儒者擯棄的只是神人同形論，卻不是上帝鬼神本身。

依據儒教的規定，一般人不能隨便向上帝禱告。過去儒者們只是作為一種制度加以遵守，但是朱熹講了一番其中的道理：

（叔器）又問：人而今去燒香拜天之類，恐也不是？
曰：天只在我，更禱個什麼！一身之中，凡所思慮運動，無非是天。一身在天裏行，如魚在水裏，滿肚裏都是水。某說人家還醮無意思。豈有斟一杯酒，盛兩個餅，要享上帝！且說有此理無此理？某在南康祈雨，每日去天慶觀燒香。某說，且慢去。今若有個人不經州縣，便去天子那裏下狀時，你嫌他不嫌他？你須捉來打，不合越訴。而今祈雨，卻如何不祭境內山川，

如何便去告上帝！（《朱子語類》卷九〇）

朱熹這裏講的道理，可說是完全正確的。就是在現代最民主
的國家裏，告狀也必須逐級進行。不過，這一條，和基督教
不完全一樣。在基督教中，原來一般人也是不能直接和上帝
對話的。有什麼事要告訴上帝，也必須經過專門的神職人員。
但是在近代的宗教改革之後，人人都能和上帝直接對話了。
至於儒教，後來也想從事這樣的改革。但是還沒有等到改革
成功，儒教所依附的國家政權就被推翻了。

六、陸九淵的上帝信仰

　　陸九淵是朱熹的主要理論對手，但在上帝信仰方面，則
和朱熹一樣的虔誠。

　　陸九淵認為，天地人之中，以天為尊。所以理被稱為天
理，道被稱為天道。這個理，在天叫做陰陽，在地叫做柔剛，
在人叫做仁義。所以仁義乃是人的本心：「故仁義者，人之本
心也。」（〈與趙監〉）這個本心，也就是本性。陸九淵不認為
人心和人性有所區別，因為它們都是天理：「蓋心，一心也；
理，一理也。至當歸一，精義無二。此心此理，實不容有二。」
（〈與曾宅之〉）這是最徹底的天人一體論。

　　從這個意義上說，人心也就是天理。人心和天理是同一

存在，天地萬物之理和人心也就沒有區別。人和天地萬物不僅同此一氣，也同此一理。從這個意義上說，宇宙就是我的心，我的心也就是宇宙：「四方上下曰宇，往古來今曰宙。宇宙便是吾心，吾心便是宇宙。」(《雜著》)

既然人心就是天理，而天理的內容就是仁義禮智，那麼，這仁義禮智就既是天賦的，也是人心固有的：「此天之所以予我者，非由外鑠我也。」(〈與邵叔誼〉)那麼遵守仁義禮智這些社會道德規範，也就是人之為人的基本條件。

不僅如此，在陸九淵看來，因為天理就是人心，人心就是仁義禮智，那麼，遵循這些規範，也就是事天；事天，最重要的，也就是要遵循這些規範：「今學者能盡心知性，則是知天；存心養性，則是事天。」(〈與趙詠道〉四)事天，也就是事奉上帝。也就是說，按照心中固有的道德規範行事，就是最好的事奉上帝的行為。

陸九淵和朱熹一樣，要求人們事奉上帝，要保持最高度的宗教虔誠。終日小心翼翼，好像面對著上帝，好像上帝就在自己身旁：「小心翼翼，昭事上帝。上帝臨汝，無貳爾心。戰戰兢兢，那有閑管時候。」「小心翼翼，昭事上帝。上帝臨汝，無貳爾心。此理塞宇宙，如何由人杜撰得？文王敬忌，若不知此，敬忌個什麼？」「無事時，不可忘小心翼翼，昭事上帝。」(《語錄下》)

陸九淵認為，君和師是上帝任命的；上帝任命君師，是為老百姓著想的：「天生民而立之君使司牧之，張官置吏，所

以為民也。」(〈與徐子宜〉二) 這些君師，也就是聖人。假如他們的行為「有以當天地之心」，天地就會降下諸福百祥以表彰和慶賀；他們的行為「有以失天地之心」，天地就會降下各種妖孽災異以批評和警告。陸九淵慨歎上帝對於君師的期望是何等的殷切：「彼其望於聖人以成其能者，何其至耶?」(《程文・天地設位聖人成能人謀鬼謀百姓與能》)

如果遇到災異，他們應該小心翼翼，如臨深淵，如履薄冰，以修養自己的行為。上古的聖人們，事天、敬天、畏天，「無所不用其極」。他們的行為，應是後世君師的榜樣。

陸九淵還認為，不僅是聖人，一般的儒者，遇到天變，比如雷電、狂風，也應該恐懼修省。這是「君子之所以無失德而盡事天之道」(〈大學春秋講義〉)。

從陸九淵的思想中可以看到，一般儒者也在要求直接面對上帝的權利。再進一步，一般民眾也會發生這個要求。不過，這個要求的實現，在儒教中是個非常漫長的過程。

陸九淵做荊門軍長官，上元節為軍民開廳，講解《尚書・洪範》的「皇極」論。他講到「唯皇上帝，降衷於下民」一節時說，善惡是非觀念，就是「皇上帝所降之衷」，也是當今「聖天子所賜之福」(〈荊門軍上元設廳皇極講義〉)。因此，遵守這些原則，也就是照上帝的旨意行事，就一定能得到上帝的歡心和佑護。

陸九淵也企圖把和上帝直接對話的權利交給普通百姓。

陸九淵認為，心正就是福，心邪就是禍：「此心若正，無

不是福；此心若邪，無不是禍」（同上）。眼前的富貴並不是福，眼前的患難也不是禍。他說，那些富貴之人，假若心不正，行為惡，就是逆天地，逆鬼神，違背聖賢之訓，背叛君師之教，這樣，天地鬼神不保佑他，聖賢君師不幫助他，他辱沒祖宗，自害自身，縱然是目前富貴，但在正人看來，卻和在牢獄糞窖中一樣；反之，那些患難之人，假若處心端正，行為善良，這是不逆天地，不逆鬼神，沒有違背聖賢之訓，也無背叛君師之教，天地鬼神就會保佑他，聖賢君師就會幫助他，他不辱沒祖宗，也不危害自身，仰不愧於天，俯不怍於人。在正人達者看來，這本身就是福德。於是他得出結論說：

> 作善降之百祥，作不善降之百殃，積善之家，必有餘慶。但自考其心，則知福祥殃咎之至，如影隨形，如響應聲，必然之理也。（〈荊門軍上元設廳皇極講義〉）

儒教傳統的善惡報應說，在陸九淵這裏獲得了新的解釋。

陸九淵的講演極富感染力。淳熙年間，他應朱熹的邀請，在白鹿洞書院作了一番講演。朱熹稱這次講演「發明敷暢」，「懇到明白」，「皆有以切中學者隱微深痼之病」，以致「聽者莫不悚然動心」（《陸九淵集》卷二三《白鹿洞書院論語講義》後記），有的甚至淚流滿面。而他的講演之所以如此感人，重要原因乃是他自身有著高度的宗教虔誠。

七、南宋其他儒者的上帝信仰

著名儒者張栻，是朱熹的密友。他也和朱熹一樣，把規勸皇帝「修身務學，畏天恤民」作為自己的責任和義務。有一天，皇帝問張栻，什麼是天？也就是「什麼是上帝？」張栻答道：「不可以蒼蒼者便為天，當求諸視聽言動之間。一念才是，便是上帝監觀，上帝臨汝，簡在帝心；一念才不是，便是上帝震怒。」張栻的這個見解，和禪宗講的「一念善，便是天堂；一念惡，便是地獄」極其相似。當時有儒者認為，張栻受到禪宗很大影響。

無論上帝觀念如何，對上帝的敬畏和虔誠則絲毫沒有減弱。張栻上帝觀的另一重要特點，是把上帝看作父母，把父母看作天地。他說，不用事奉上帝的規矩事奉父母，不是孝子；不用事奉父母的規矩事奉上帝，不是仁人君子。事親和事天，應當是一回事。儒教的神人一理主張，在張栻這裏發揮到了極點。

儒者陳亮也是朱熹的朋友，但學術見解往往相反。由於他才高氣傲，直到七十歲才中了狀元。他批評朱熹只知講誠心正意，因而是無用的學問，主張講究能夠治理國家、見到實際成效的學問。當時被稱為「事功」學派。

陳亮認為，上帝為民眾建立了君主和導師。君主和導師

的責任，就是讓社會安定，百姓生活得好。假如老百姓生活不好，社會不安定，就是君主和導師的失職。而要做到這一點，不是一旦正心誠意就可以解決的。所以他研究了一系列治國、用兵的具體問題。認為中國這塊地方，是上帝特別關照的地方：「臣竊惟中國，天地之正氣也，天命之所鍾也。」天地的正氣在中原，所以不能滿足於偏安江南，應該有一個恢復中原的戰略規劃。

　　他認為，儒教的經典，都是孔聖人「述」、即傳達天意的著作。《春秋》一書，則是孔子代替周天子遵照天命實行賞罰的書。因此，《春秋》中的批評或者表揚，都不是孔子的意見，而是天意。孔子，只不過是天意的執行者。禮經中所制訂的禮儀，也不是聖人能夠制訂得出來的，而是天意，天的法則：「禮者，天則也。」（《經書發題・禮記》）

　　陳亮考取狀元之後，去祭告自己的祖先。在〈告祖考文〉中，他說到祖父曾經常作夢，說自己的孫子是狀元郎童汝能，於是給陳亮命名為汝能，字同甫。這件事，曾引起人們許多嘲笑。現在果然中了狀元，於是陳亮認為：「我皇祖之夢至是始驗，而不知童汝能者果何祥也。」

　　陳亮不僅對上帝，對一般神靈，也充滿著虔誠的信仰。

　　和陳亮傾向相近的儒者是葉適。在葉適看來，國家的興亡，都是天的意志：「存亡之數，天也；使國之亡者，亦天也。」（《水心別集》卷六〈五代史〉）也就是上帝在主宰著。因此，事天尊神，就是非常重要的事情。古代之所以治理得好，其

重要原因就是「嚴祀而尊神，重時而從天」(《水心別集》卷六〈左氏春秋〉)。

葉適也認真研究了儒經的由來。他認為，《尚書·洪範》篇是天賜給大禹的：「天畀之，禹受之，武王虛己而訪之。」因此，〈洪範〉所講的治國原則，乃是天意。而儒經經過孔子整理以後能夠流行天下，也是天意：

> 儀封人見曰：「天下之無道也久矣，天將以夫子為木鐸。」而孔子亦曰：「天之未喪斯文也。」嗚呼！豈非天哉。(《水心別集》卷五〈總義〉)

儘管葉適和朱熹等人有許多分歧，但在上帝信仰方面，則幾乎沒有差異。

葉適患有嚴重的疾病。他認為，自己身體癱瘓，可能是由於行事不周，傷害了天地間的和氣，以致遭到上帝的懲罰。但他希望上帝的慈悲，能免除自己的罪過。

為了免除自己的罪過，葉適還寫過向上帝祈禱的「青詞」。其中一首寫道：「吁天之哀，自期必獲」(《謝恩青詞》)。有的是他代別人所寫，比如代宋彥遠所寫的一首青詞，其開頭寫道：「上穹垂鑒，厥有明威。」這就是天的賞罰作用。

儒者們通過青詞直接向上帝祈禱，也從一個方面說明，在宋代，一般人在用各種方式爭取著直接和上帝對話的權利。

八、南宋國家的上帝祭祀

北宋滅亡，趙構在南京（今河南商丘縣南）即皇帝位，築壇告天。其告天文書寫道，金人南侵，二帝蒙難，我受道君皇帝的命令，做天下兵馬大元帥，希望收復京城，接回二帝，但臣子們都不允許。沒有辦法，我只好按照天命，繼承皇位。讀畢文書，趙構痛哭。張邦昌率領百官朝賀。

南宋建國不久，經太常禮官們討論，認為天地社稷的祭祀不可中斷。於是初步恢復了每年四次祭天、一次祭地、孟冬祭感生帝的制度。

紹興元年（1131 年）秋天，趙構把宮中的常御殿臨時作為明堂，根據代理禮部尚書胡直孺的建議，明堂中只設天、地、太祖、太宗四個神位。沒有蒼璧、黃琮等重要祭品，禮官建議用木作璧，繪上天地的顏色。但高宗認為，祭祀天地不應當計較費用，於是出高價買來了玉料。尺寸不夠禮經標準，只好將就從事。三年以後，即紹興四年（1134 年），宋高宗在臨安，是應該行郊祀禮的年份，但是沒有郊壇。禮部及太常官員認為，古代皇帝在巡幸中，若不是封禪告成，不舉行郊祀，今年可用祭明堂代替郊祀。也有人懷疑，郊祀和明堂是否應該交替進行？於是把這個問題交給禮官討論。夏天，國子監丞王普上言，批評明堂祭祀中有十二條不合典禮，

建議依照《政和新禮》加以改進，但沒有來得及實行。就在
這年秋天，舉行了明堂祭禮。紹興元年祭祀，只設天地和太
祖太宗四座神位，這次又設從祀神位四百四十三位，祭器七
千五百七十一件，祭祀歌舞四十首，祭服六十三具，玉十塊，
牛犢四頭，豬羊各二十二頭，分獻官五十八位，樂舞者二百
八十七位。祭祀完成，賞賜禁衛軍七萬餘人二百三十一萬緡
銅錢，賞賜劉光世、韓世忠、岳飛、王燮等四軍十二萬餘人
二十八萬緡錢。合計比紹興元年多支九十四萬緡錢。當時東
南諸路每年總收入一千四百餘萬緡。一次明堂祭祀，單賞賜，
約用去六分之一。

紹興三年（1133 年）四月，宋高宗下詔，恢復五帝和日
月祭祀。於四立日設祭，黃帝則於季夏之土王日，其規格如
四方帝。

紹興十八年（1148 年），臣僚建議，提高感生帝祭祀規
格。建議者認為，宋朝自開國以來，祭祀感生帝十分認真，
所以子孫眾多。但是中興以來，其他祭祀都得到發展，只有
感生帝仍然停留在小祀規格。所以建議提高規格，討上帝歡
心，以使子孫眾多。依據這個建議，感生帝被升為大祀。

從宋孝宗開始，南宋的祭祀禮儀進入正常發展的時期，
原則上沒有大的變動，隨時的改進則不斷進行。乾道五年，
太常少卿林栗上言，國家每年祭祀上帝四次，有兩次在南郊
圜丘，兩次在城西惠照院望祭齋宮。林栗認為，這不符合禮
經所說在國之南郊祭祀上帝、以就陽位的原則。其原因是由

於原來在汴京時，夏初求雨祭祀，在圜丘左方單建祭壇，秋季大饗，有關部門代理，則在南郊齋宮端誠殿。但這樣做不合典制，請求改正，每年四次祭祀上帝，都在南郊圜丘進行。禮部侍郎鄭聞等上奏，認為明堂祭祀當在屋內進行，所以元佑年間，才在齋宮行禮，後來又在齋宮的端誠殿。現在郊丘旁邊，有淨明寺，假如由臣子代理祭祀時，請把那裏作為明堂。這些建議，都得到了批准。

　　三年一次的大祭，所需要的物品，動輒數以萬計。有關部門總是按照慣例，把這些物品攤派下去，讓各州郡收買，州郡又攤派到各縣，各縣則取自平民。往往是硬性派購，償不抵值，甚至根本不給值。還要加上運費，也沒有著落。到交納之時，老奸巨滑的官吏又從中作梗漁利，常常弄得民怨沸騰。隆興二年（1164 年），宋孝宗下詔，援引宋太祖乾德詔書「務從省約，無至勞煩」，認為「事天之誠，愛民之仁，所以垂萬世之統者在是」，要求當年的郊祀，除了禮物、軍賞不能減少以外，其他各項，都要儉省。乾道六年（1170 年），有關部門建議，屆時由朝廷出錢，就近購買，並且允許商人販賣，按時價交易。這樣，就會「變怨嗟為謳歌。以此則人心悅而天意得，和氣不召而自至」（《續資治通鑑》卷一四一）。孝宗也採納了這個建議。

　　淳熙年間，朱熹對南北郊的意義和在祭祀中什麼是天、什麼是上帝發表了自己的看法。他認為，古代未必實行天地合祭，祭社神就是祭地。郊祭天時，把數百、上千位神靈牌

位都放在天壇之上，層層疊疊，不一定是古代的制度。有人問，天就是上帝，上帝就是天，為什麼《孝經》上說「郊祀后稷以配天，宗祀文王以配上帝」？帝和天區別在哪裏？朱熹說，在室外設壇祭祀，所以稱為天；在屋裏作為神靈祭祀，所以稱為上帝。

依朱熹說，古代是因為祭祀方式不同，所以對至上神的稱呼也不同。他的根據何在？也沒有說明。大約是因為根據不足，所以宋代無人理會。到了明代，由於朱熹地位的提高，他的建議也得到了貫徹。

南宋的郊祀禮儀，往往因事故停缺。孝宗隆興二年，本欲冬至日郊祭，因為這天恰逢晦日，所以改在第二年的正月一日。光宗紹熙二年十一月郊祭，天下了大雨，只好在望祭殿行禮。理宗在位四十一年，只主持了一次郊祭。度宗咸淳二年，由於冬至前一天是月食，也將祭日改在了次年的正月一日。不過總的說來，南宋君臣對於上帝祭祀，還是認真和虔誠的。即使在顛沛流離之中，他們也沒有忘記祭祀上帝的責任和義務。

九、南宋民間的上帝信仰和祭祀

黃震是宋朝末年具有獨立思想的程朱派學者，又是一個清正廉潔的官吏。元兵滅宋，他自餓而死，保全了自己的氣

節。

　　黃震做過地方主官。在他任職的地區，百姓們在春節期間，有掛天燈、供天香的習俗。為此他非常高興，認為這是該州最好的風俗。他認為「蓋人知敬天，何事不善？」於是他發表了什麼是天、以及如何敬天的文告。

　　黃震的敬天說共有四項。第一是說「日月星辰風雷雨露皆是天」，因為它們都是使五穀、蔬菜生長的必要條件。所以對它們都要尊敬，才是敬天。其他拜祭塔廟，迎神賽會，都是信邪造罪，不是敬天。在這裏，黃震開始排斥別的宗教活動。第二是說「朝廷是天」。因為當今朝廷愛護民眾，並且保衛著民眾，使大家安樂。行這些事，都是稟承天意而做：「皆是代天」。所以服從朝廷，就是敬天。這就是說，國家的法令就是天意，奉公守法就是敬天。第三是說「父母是天」。因為「父母之氣便是天之氣」。所以父母生我，就是天生我。父母便是天。所以應該孝順父母。第四是說「自身亦是天」。因為我的身體，都是「取天之清氣以能生活」。我的舉動言語，不是我的能耐，而是天的賦予。其中特別是心，「虛明知覺，名曰天君」。所以使心端正，就是敬天。也就是說，上帝，就在我的心裏。他希望，民眾們能把掛天燈、供天香的表面行為化為內心對天的敬畏。

　　一年以後，據黃震所說，當地的風俗更加好了。訴訟的人少了，收成也好，人們的疾病也減少了。黃震認為，這都是百姓們初一五更早起，「點天燈，燒天香」，敬天、畏天的

成效。他自己的心情也特別的好：「神明在上，此心肅然，邪念盡消。耳目聰明，四肢百骸亦皆輕爽。此時此心，直與天一，豈不樂哉！」祝願百姓們在新的一年裏，「此心常新，此心常正，此心常敬天。」祝願「明明上天，隨處照臨」，使百姓長享太平。

　　黃震任職地區百姓掛天燈、燒天香的行為，說明至遲在宋代，百姓已經把直接和上帝對話的要求訴諸行動。這是儒教中出現的新現象。如何對待百姓們的祭天行為，是儒教發展中的重大課題。

十、南宋道教的上帝信仰

　　道教自南北朝時代創立了自己的〈真靈位業圖〉之後，其祭祀的至上神就是所謂「三清」。然而從南宋開始，道教開始把玉皇大帝、昊天上帝請進道觀。

　　據文獻記載，南宋初年，道士們開始在道觀中建昊天閣、玉皇殿之類的建築，供奉玉皇大天帝。此後競相仿效，昊天閣或玉皇殿就逐漸成了道觀中僅次於三清殿的主要建築，玉皇大帝也成了道教所供奉的主神。這種格局，一直保持到現代。北京白雲觀中，就有專門供奉玉皇的玉皇殿，而且處於觀中極其重要的位置。三清則被置於觀內後殿的二樓之上，頗有退居二線的感覺。

　　從南宋起，道教的齋醮儀式，在三清之下，就是玉皇。這種情況，引起了儒教學者的強烈不滿。朱熹說，道教的理論，出於老子。所謂三清，不過是仿照佛教三身說而創造的。可是當時的供奉狀況，卻是塑了三個人像，這就丟失了原來的宗旨。而且在祭祀的時候，神靈的位置是三清在上，昊天上帝反而在三清之下，在朱熹看來，這是對上帝最大的褻瀆：「悖戾僭逆，莫此為甚。」（《朱子語類》卷一二五）

　　此外還使儒教學者不滿的是，玉皇大帝也被塑成人形。這也嚴重違背儒教的教義。但是，因為這樣做可以引起一般群眾的敬仰之心，所以儒教學者也就容忍了道教的作法。

　　道教祭祀玉皇大帝，在儒者們看來，就是祭祀昊天上帝。這本來是道教向儒教靠攏、對儒教友好的表示。但在儒教方面看來，仍然是不能滿足，覺得道教褻瀆了他們的神靈。不過不滿歸不滿，在實際上，儒教學者又採取了睜一眼、閉一眼的態度，因為他們覺得，把上帝塑成人形，對於一般百姓，還是合適的。

第八章

遼金元時代的上帝信仰和祭祀

遼人認為自己是天神的後裔，也認為他們的建國以及重大
舉措，都是稟承天命而行。自遼國太子耶律倍堅持以儒教
為國教，儒教的上帝也就逐漸和他們的天神合而為一。上
帝、天命，也是金人原來就有的信仰。金滅遼和北宋以後，
也接受了儒教，特別是天人感應學說，並且把德行作為取
得天命的前提。為了普及儒教思想，他們翻譯了儒教的典
籍。元朝皇帝從忽必烈開始，就接受了儒教觀念，講天人
感應。忽必烈之後，元朝皇帝儒教化的程度步步加深。元
代的儒者力求原原本本地按照儒經的禮儀，但並不是商周
時代的簡單繼承；而是在「經」的名義下，重新創造了許
多神靈以及祭祀制度。遼、金、元，都是少數民族建立的
政權。然而在信仰上，他們也接受了儒教，並把上帝作為
至上神。統一的信仰，促進了中國境內的民族融合。

　　遼、金、元，都是少數民族建立的政權。然而在信仰上，他們也接受了儒教，並把上帝作為至上神。統一的信仰，促進了中國境內的民族融合過程。

一、遼代的上帝信仰和祭祀

　　遼的前身是契丹人，自認為是炎帝的子孫。唐代末年，他們的首領耶律阿保機曾經接受過唐代政權的封號。五代時期，他們建國，國號大遼。

　　遼人認為自己是天神的後裔。相傳有神人乘白馬，順河東下；有天女駕青牛車，在木葉山和神人會合，共生八子。其後族屬漸盛，分為八部。每當行軍還是春秋兩季的固定祭祀，都要用白馬青牛，表示不忘本。並且在木葉山上，建立了他們的始祖廟。

　　遼人也認為他們的建國以及重大舉措，都是稟承天命而行。每逢大事，也都要祭告天地。由於他們經常行軍狩獵，祭天除木葉山外，一般沒有固定的處所。往往是在隨處遇到的小山上。其意義，大約是認為山離天較近。這和漢代以前在陝甘地區的小山上建立祭祀上帝的處所，意義是一樣的。

　　他們祭天的時間和祭品的數量規格，也沒有一定。說明他們的上帝信仰還停留在較為低級的階段。

　　遼代建國，選擇什麼教作為國教，曾經發生過爭論。不

少大臣主張以佛教為國教，但是太子耶律倍力排眾議，堅持以儒教為國教，被採納。儒教的上帝也就逐漸和他們的天神合而為一。

二、金代的上帝信仰和祭祀

金太祖阿骨打在進攻遼國之前，就祭祀皇天后土，並且歷數遼人如何欺凌自己的部族，祈求上帝保佑自己。上帝、天命，也是金人原來就有的信仰。金滅遼和北宋以後，也接受了儒教，其中特別是天人感應學說，認為聖人，當然首先是皇帝，其言行足以使上帝作出反應。

為了普及儒教思想，他們翻譯了儒教的許多典籍。因而他們的儒教水平比遼代要高。比如他們也可以討論五德終始問題，並且把德行作為取得天命的前提。

金朝本來也有自己的拜天之禮，但禮儀非常簡單：做一個像小船一樣的木盤，高架起來，然後把同族的人召到一起禮拜。這和宋朝祭天禮儀的隆重和繁瑣，簡直有天壤之別。在消滅了北宋之後，他們學習北宋的禮儀，開始建立南北郊祭祀。

金代的天壇也建在以皇宮為中心的巳地，地壇建在亥地。最重要的祭天日子也定在冬至。其禮儀基本上是按照儒經進行安排。

依照儒經的安排，祭天的禮儀就非常隆重。祭祀前，要齋戒七天。祭祀前五天，有關官員就要去佈置各種設施。祭祀時，也有初獻、亞獻等等禮儀。陪同昊天上帝享受祭祀的，也有五方上帝等神。

在金朝君臣的心目中，他們得到了上帝特別的眷顧，他們也最忠實地執行著上帝的使命。

三、元代的上帝信仰和祭祀

據《元史》記載，蒙古族在入主中原以前，就有拜天的禮儀。滅金之後，採納孔子後裔的建議，合祭皇天后土。對於成吉思汗來說，天命天意，也是他處事的最後根據。蒙古入主中原後建國號為元，就是取《周易》「乾元」的意思。

從忽必烈開始，就接受了儒教觀念，講天人感應。忽必烈之後，元朝皇帝儒教化的程度步步加深。遇天變則修省，成為元代皇帝的成例。三公重臣，也被認為有調諧陰陽的責任。甚至也因為星象的變化而罷免丞相。元代的臣子也把儒教歷代聖賢的格言彙集起來，給皇帝閱讀。其中論述做皇帝的道理，首先就是「敬天」，其次才是愛民、知人等等。

元代建國以後，在京城東南七里，修建祭壇，設昊天上帝、皇地祇神位。每有大事，就要到天壇告祭。

為了正確制訂祭天禮儀，中書省召集翰林、集賢院、太

常禮官討論。博士們報告說，冬至這天，圜丘只祭昊天上帝，到西漢元始年間，才實行天地合祭。從那時以後，一千多年間，分祭、合祭，沒有定論。大臣們根據博士的報告，討論認為，依據《周禮》，冬至圜丘祭天，夏至方丘祭地，時令不同，禮樂也有區別。合祭制度起於王莽，不可效法。現在應該按照堯、舜和三代的禮儀，冬至只祭昊天上帝。方丘的禮儀，以後再作討論。這樣，元代就把自己最重要的祭祀禮儀，奠定在嚴格按照儒經行事的基礎之上。此次討論所確定的天地分祭制度，為明、清兩代的祭祀禮儀開了先河。

依據《周禮》，天壇應是三層。但是後代為了安放眾多的星辰神位，增加到四層。這次也作出決定，嚴格按《周禮》行事，將天壇建為三層。每一層各長寬多少，《周禮》沒有規定，為了安放眾多神位，將上中下三層的直徑分別定為五、十、十五丈。祭服用宗廟祭祀的服裝，為了使祭祀音樂合於《周禮》，討論還決定尋訪知音之士。

兩個月後，即夏季四月，中書省又召集會議，討論祭天所用神主牌位。博士報告說，舊制都用木製。宰相們建議用玉，上寫金字。博士說，郊祀尚質，應按舊制。於是決定仍然用木。神主造成以後，又討論如何收藏。參加討論的人們認為，廟裏用神主，那是由於見不到神。天壇祭天，人直接面對著蒼天，所以決定不用神主。

這年的七月和八月，又連續討論了祭天所用的儀仗和祭品，討論了配位制度。討論認為，古代祭祀崇尚質樸，從漢

代開始，禮器、祭品日益華貴繁多，許多不合古制。但現在
又不可能完全按古制行事，決定以唐代禮制為基礎，加以修
訂。祖宗配天的制度開始於漢代，討論認為，祖宗已在宗廟
享受祭祀，郊祀以只祭上帝為宜。這年郊祭，沒有再用祖宗
配位。

元代儒者這樣認真地討論祭天禮儀，充分表明了他們的
宗教虔誠。

大德十一年，元武宗即位，派御史大夫鐵古迭兒到南郊
告祭天地。這是元代皇帝即位告天的開始。至大二年，又恢
復了南郊配位制度。這一年，又開始討論在北郊建立方丘。
此後十餘年間，由於種種原因，北郊祭祀雖經多次討論，但
沒有能夠付諸實行。

元英宗至治二年，中書省又召集禮臣和學士們討論郊祀
問題。這次作出了十三項決議，從上帝的名號到如何焚燒祭
品，其中最重要的是上帝名號問題。決議認為，從鄭玄以來，
關於上帝的名號歷代都不能統一，但比較起來，只有晉代所
用的昊天上帝符合《周禮》。唐、宋以來，祭壇上既設昊天上
帝，又設天皇大帝、五天帝、天一、太一等等，這些都沒有
經典的根據。所以大德九年，決定只設昊天上帝一位。至大
三年，為了和前代的禮儀相銜接，又加上了五天帝。決定今
後就以此行事。對於配位，也根據《孝經》作出決定，以太
祖成吉思汗配享。

元代依據儒經對前代郊祀禮儀的檢討，更加認真，更加

嚴格按照儒經的規定。他們的討論，為明代的禮儀改革奠定了基礎。

四、元代儒者對祭天制度的議論

　　許衡是元代儒者的代表之一。他認為，神靈是確實存在的。所以在祭祀的時候，如果十分虔誠，鬼神就會降臨。王者在祭祀上帝時，如果十分虔誠，上帝也會降臨。儒者袁桷堅決相信，大禹治水的時候，曾經到上帝那裏接受過河圖，因而獲得了治水的成功。

　　儒者梁寅認為，古代只有昊天上帝，後世才出現了六天說，十帝說等等。他認為這都是不合禮制的。根據禮制，他認為皇帝應該年年祭天，不應三年一次。但是在南郊祭祀上帝，實在是花費很大的舉動，即使三年一次，有時也難以承受。所以梁寅的道理雖然不錯，但終究未能被採納。

　　儒者袁桷還討論了以已故皇帝陪同上帝享受祭祀的制度，認為這是不合規矩的。袁桷認為，西漢時代的郊祀，上帝就沒有陪同者。王莽的錯誤，在於實行天地合祭，但不設陪同者，則是對的。從東漢起，才在祭祀上帝時設置陪同者，後來又加上五帝、日、月以及天地十方各種神靈。據唐代杜佑說，星有一萬一千五百二十，每顆星都是一尊神。地上的神靈也有這麼多。祭壇上擺不下，就把神位放在壇下，放在

圍牆內外。還擺不下，就只好省略。這樣一來，祭祀的禮儀就不得不十分繁瑣，祭品也不得不非常豐盛，以致難以辦齊，也就不得不減少祭祀次數。即使如此，對於國家也是個沉重負擔，有時甚至「竭九州之貢賦不足以供」。袁桷認為，只要按古禮行事，不要這麼多的從祀神靈，不要這麼多的祭品，也不要這麼煩瑣的禮儀，每年一次的郊祀並不是什麼難事。

袁桷對郊祀制度的討論共有十篇，稱《郊祀十議》。其〈昊天五帝議〉重申五帝不得稱天；〈祭天名數議〉認為一年中的大祭只能是南郊和明堂兩次，夏天祈雨的雩禮不可作為定制；〈圜丘議〉認為「圜丘非祀天之地」，和方丘一樣，只是奏樂的地方。其〈后土即社議〉，認為社祭就是祭地，不可別有所祭，更不可另有所謂方丘。在〈北郊議〉中，袁堅決要求「罷方丘，廢北郊，以全古禮之正」。這些議論，處處引經據典，有根有據。比如圜丘祭天，其根據只是《周禮》的「冬日至，於地上之圜丘奏之，若樂六變，則天神皆降，可得而禮」，並沒有說圜丘就是祭天的地方。袁氏對前儒的批評，是有根據的。

袁氏的《郊祀十議》說明，元代的儒者力求原原本本地按照儒經去做。通過袁氏的議論我們還可以看到，儒教的禮儀，並不是商周時代的簡單繼承，有許多神靈以及祭祀制度，是後世儒者在經的名義下的重新創造。

第九章

明代的上帝信仰和祭祀

明代的嘉靖皇帝對祭天禮儀作了重大改革，不但將長久以來的「天地合祭」改變為「天地分祭」，更取消了五帝祭祀，其他什麼天皇大帝之類，也一律取消，祭天專祭昊天上帝。在人間，皇帝總攬一切大權的地位得到了加強；在天上，也就不能容許有許多和上帝近似的神靈。明朝末年，耶穌會神父利瑪竇來華傳教，是中國宗教上的一件大事，並且把基督教的 God 說成是儒教的上帝，引發了爭論。王艮、林兆恩自稱聖人，認為自己可以和上帝直接對話，顯示出在儒教中，人人都可以直接和上帝交通的要求，是越來越強烈了。

　　明代對儒教的祭祀禮儀又作了重大改革，但最重要的變化則是出現了自稱聖人、認為自己可以和上帝直接對話的儒者。

一、明代的上帝祭祀

　　明太祖即位之初，就在京城南北郊分別修建了天壇和地壇。大約是由於冬至祭天寒冷、夏至祭地又太熱。洪武十年（1377 年），實行天地合祭，並在祭天的圜丘、也就是天壇之上，修築了殿堂。就是說，用屋把天壇覆蓋起來。這樣，在裏面祭祀就可以不受天氣的干擾。

　　據《舊約》，猶太人原來也是在祭壇上祭祀上帝。到所羅門王時代，才修建了殿堂。其原因，《舊約》沒有說明，大約也是為了不受天氣的干擾。

　　把天壇用屋覆蓋起來，天壇就不能僅稱為壇，於是改稱「大祀殿」。大祀殿上，擺放昊天上帝和皇地祇的神位。祭天的時間也改在初春。

　　明初對上帝祭壇的改革，其實是一件好事。這種制度堅持了一百多年。但是到了嘉靖時代，這位飽讀詩書的皇帝認為這樣的制度有背禮制，又實行了堅決的改革。

　　有一天，嘉靖帝問當時已經成為大學士的張璁：《尚書》說燔柴祭天，又說「類于上帝」；《孝經》說「郊祀后稷以配

天，宗祀文王於明堂以配上帝」。天和上帝，其區別在於一是就形體而言，一是就主宰而言。朱熹又說設壇而祭謂之天，祭之於屋下叫做上帝，現在每年大祀，都是在屋下祭祀，沒有祭天的禮儀。況且是上帝和皇地祇合祭，也不是專祭上帝。這些是否需要改革。

張璁解釋說，建國之初實行分祭，後來合在一起。大祀殿上屋下壇，解釋者說，上屋是明堂，下壇就是圜丘。太祖以後，大家沿襲不變，也是學孔子「吾從周」的意思。但嘉靖帝說，天地分祭，這是萬代不變的道理。把大祀殿比做周代的明堂還可以，說它是圜丘，是沒有道理的。張璁於是列舉歷代關於天地合祭、分祭的討論，並且說祖宗已經定下了制度，不可輕易改動。但嘉靖帝還是要改。

為了改革祭祀禮儀，嘉靖皇帝到了太廟，在太祖神位前占卜，不吉。後來他又問了幾位大臣，都不敢輕易改動。他又在太祖神位前卜了一卦，仍然不吉。改革郊祀的事才暫時停了下來。

正好趕上給事中夏言請求舉行親蠶禮，即皇后親自進行養蠶的禮儀。嘉靖帝認為，古代天子親耕於南郊，皇后親蠶於北郊，和天地分祭於南北郊正好是互相配合的。他讓張璁鼓動夏言上書，改革郊祀。夏言的上書說，合祭天地，太祖和太宗並配上帝，諸神壇從祀的神靈，以及祭日不在冬至而在孟春，這些都是不合禮制的。應該召集群臣，根據經典和漢宋儒者匡衡、朱熹等人的主張，認真討論。夏言的上書遭

到禮科給事中王汝梅的反對。嘉靖帝親自反駁王汝梅說，把
合祭天地說成是兒子事父母之道，並且和夫婦同牢相比，這
是對神靈的嚴重褻瀆。又有人說，郊是祭天，社是祭地，這
也是不對的。古代沒有北郊祭地的禮儀，祭社神是祭五方帝，
不是皇地祇，祭社不能和祭地等同。

　　當時，在改革祭祖禮儀中曾經堅決支持嘉靖帝的霍韜，
這時卻堅決反對天地分祭，認為天地分祭只有《周禮》中有
所記載，而《周禮》是王莽的偽書，不可憑信。於是夏言又
上書說，《周禮》一書，記載分祭的禮儀最為詳細。合祭的主
張，才真是從王莽開始的。王莽以前，都是分祭；王莽以後，
也有實行分祭的。《周禮》一書，朱熹認為是周公輔導成王的
書，用意深刻，可以作為後世的法典，不可把它誣衊為王莽
的偽書。至於說是祖宗已成的制度，則太祖起初是分祭，後
來才是合祭，兩種制度都有，我們應該恢復那正確的。

　　嘉靖帝把夏言的意見交給臣下討論。禮部彙報說，同意
分祭的，有都御史汪鋐等八十二人；同意分祭但主張慎重從
事的，有大學士張璁等八十四人；贊同分祭但認為山川壇就
是方丘的，有尚書李瓚等二十六人。主張合祭但也不反對分
祭的有尚書方獻夫等二百零六人。無可無不可的，有英國公
張崙等一百九十八人。這個數字表明，反對分祭的實際上居
於多數，但是朝臣們不敢認真反對。於是分祭的意見得到通
過。禮部認為，雖然分祭合乎古禮，由於新建祭壇工程浩大，
而《周禮》上又說的是祭「昊天上帝」，也就是說，它所說的

是祭上帝；而祭上帝，就應該設屋而祭。結論是，現在的大祀殿正好合乎禮制。實際上是維持原樣，一切照舊。

但嘉靖帝卻抓住朝臣不再反對分祭這個機會，堅持要重建祭天圜丘，分南北二郊，在冬至或夏至進行祭祀。夏言對嘉靖帝說，合祭天地的禮儀，由來已久，朱熹說是一千五六百年間無人去進行糾正，現在皇上您作了這件大事，這是了不起的功業。於是命夏言和戶部、禮部、工部大臣到南郊去進行勘察，在大祀殿南選擇地勢，修建圜丘祭壇。當年修成了圜丘，第二年又修成了北郊方丘，天地分祭的禮儀就這樣確定下來。

依據嘉靖帝說建議，在祭祀中，昊天上帝的名號也改為「皇天上帝」。不過昊天上帝的名號由來已久，在一般文書中，上帝的名號仍然以昊天上帝為主。

明代祭天禮儀的另一重大變化，就是取消了五帝祭祀。其他什麼天皇大帝之類，也一律取消。昊天上帝進一步突顯出來，這大約與朱元璋不設丞相有關。在人間，皇帝總攬一切大權的地位得到了加強；在天上，也就不能容許有許多和上帝近似的神靈。

二、明朝初年儒者的上帝信仰

明朝開國皇帝朱元璋，把順天、事天作為自己一切行為

的宗旨。徐達等將領率兵北上攻取燕京的時候，朱元璋囑咐他們要少殺人，以「上答天心」。他認為，元朝的滅亡，就是由於它的子孫們不知愛護百姓，被上帝拋棄了。

　　洪武二十年，祭天結束，天氣晴朗。侍臣說是皇帝敬天虔誠的緣故。朱元璋說，要事奉好上帝，最重要的是要愛護百姓。愛護百姓，才是事天的真正要求。這就好比國家任命地方長官，假如他不能使人民幸福，就是辜負了君主的任命。所以君主的職責，就是以天地為父母，以百姓為子女。祭祀天地，不是為自己，應當為百姓祈福。朱元璋的議論使我們看到，從周公以來的「敬德保民」思想，《尚書》的天作君、作師思想，其他儒經的天子受命於天、百官受命於天子的思想，在朱元璋這裏都融會貫通，得到了深刻的體現。

　　宋濂是明初的第一儒臣。他根據《易傳》的「陰陽不測之謂神」認為，凡是變化不測的地方，就有神靈的存在。天高而且明，不可測，所以有神。地廣大而深厚，不可測，所以有祇。大山、大河、大湖、大海，高深險暗，迷惘曖昧，不可測，所以都有神在主宰著。

　　帶有許多神秘色彩的劉基，和宋濂持有大體一致的意見。在〈台州路重建天妃廟碑〉文中，劉說道，一切事物之中，天是最大的，所以它的神就是上帝。地次於天，它的神，可以做天的皇后。海小於地，所以海神次於地，為天之妃。

　　天妃是元代開始儒教國家對南海女神的封號。這神在儒教經典上找不到根據。劉基依據儒教的氣論哲學，對海為天

妃作出了理論說明。

　　劉基認為天是浩大元氣，人稟元氣而生，所以天與人，是母子關係。母子相感，就是天人之間的必然之理。不過，劉基不認為天能給人降福降禍。而現實中也有許多好人得禍而壞人得福的事實。劉基認為，這是天地之間正邪二氣衝突的結果。不過，邪氣的得勢是暫時的。

　　宋濂最著名的學生方孝孺，是當時儒者的楷模。方孝孺認為，學習，是聖人協助上帝所做的事業。學的內容，是各種倫常、綱紀。倫常、綱紀，乃是天意、天心。學，首先要知道，天賦予你的，非常完備。做得不好，就是違背天意。你可以欺騙人，但騙不了天。天時時刻刻在監視著你。

　　由於人們不是都能知道自己的秉賦，所以上帝任命了聖人，來教化和管理眾人。所以每個人都應該歌頌聖人，並且以聖人為榜樣，來規範自己的行為。

　　為了勸人行善，明成祖朱棣曾經親自編寫《為善陰騭書》。「陰騭」概念出於儒經《尚書·洪範》篇，意思是保佑。這書的意思是說，行善的人，上帝就保佑他。當時儒者的領袖人物楊榮、金幼孜等，都著文歌頌皇帝的這部著作。他們說道，這部書說明，行善的，一定能夠得到上帝的保佑。人可以不求報答，但上帝不會忽略人們的善行。

　　明朝初年的儒者，不僅懷抱著對上帝的虔誠，而且在努力建立儒教的善惡報應思想體系。

三、明朝中期儒者的上帝信仰

　　明朝中期最著名的儒者是王守仁。當時的儒者認為，王守仁和他的父親王華，都是天神所賜。王華將生時，其祖母孟氏夢見婆母抱一緋衣玉帶的童子給她，並且說道，媳婦平日孝順，我與你祖父向上帝為你求得這個兒子，王家世世代代都會享受榮華。王華的哥哥已經因夢得名為榮，他也因夢得名為華（見：陸深《海日先生行狀》）。王守仁生時，也是祖母岑氏夢見天神抱一赤子駕雲而來，前面還有鼓樂引導。岑氏醒來，王守仁已經出生，遂取名為雲。他出生的樓也因此被稱為瑞雲樓。王雲到了六歲，還不會說話，有一僧人說，多好的一個孩子，都是因為名字取得不好。改叫守仁，於是馬上就能講話，並且聰明異常（見：黃綰《陽明先生行狀》；錢德洪等《陽明先生年譜》）。

　　王守仁認為，儒教文獻中的大人，就是聖人。聖人的心，和上帝是一樣的。聖人制訂的政策法令、禮儀制度，都是稟承天命，體現天意。《周易》之所以能夠占筮吉凶，乃是因為其中體現著天意。

　　王守仁認為，《詩經·執競》說的是康王繼承了武王的事業，「復為上帝之所皇」；〈思文〉篇說的是后稷教人農業技術，「實由上帝以此命之后稷，而使之遍養天下」。〈臣工〉詩，

說的是茂盛的小麥，「皆上帝之明賜」。作為農民，應當努力工作，求得年終有個好收成；不應該懶惰，懶惰將使上帝的賞賜落空。

據王守仁說，他十五歲時，曾在夢中拜謁漢伏波將軍馬援的廟。四十年後，在行軍路上，他真的拜謁了伏波廟。他回憶自己的一生，覺得處處都不是偶然。為此，他作了兩首詩，其開頭寫道：「四十年前夢裏詩，此行天定豈人為？」在他看來，自己一生的遭遇，全是上帝的安排。

和王守仁同時、但主張不同的儒者代表，有羅欽順和王廷相。

羅欽順把儒教和佛教的區別概括為八個字：「聖人本天，佛氏本心。」「聖人本天，佛氏本心」本是程頤的話，但羅欽順把它提到空前的高度。認為這是真知灼見，萬世不易之論。所謂「本天」，就是言語、行動，都要按照上帝的意志行事。比如國家制度，是天所建立的秩序；君主的選擇，是天命的有德之人；討伐有罪者，是實行天對他的懲罰。人的本性，乃是上帝所賦予的。因此，只有天意，才是行為的指南，它不是自己心中固有的感覺：「天德乃帝降之衷，非本覺也。」（《困知記三續》）

羅欽順和其他儒者一樣，對上帝抱著由衷的崇敬。他說，天子是天命的，臣子是君主任命的。事奉上帝鬼神，治理國家百姓，都應該盡心盡力。並且只要盡心盡力，就一定能夠感動上帝鬼神降福，甚至免除自然災害。

　　和其他儒者不同，王廷相不認為天是氣，而認為天是和地一樣堅硬的物體。但是這樣的天，是有神的：「天者，氣化之總物，包羅萬有而神者也。」地，也是有神的：「地有地之神，人有人之神，物有物之神。」「謂地不神，則人物之氣亦天之氣，謂人物不能自神，可乎？」（〈答何柏齋造化論〉）對於天神，必須敬畏：「上古聖人敬天畏天，以人生自天地之氣，安得不敬而畏之？」（〈答孟望之論慎言〉）關於天和帝，他完全贊同程朱的意見，認為「以形體則謂之天，以主宰則謂之帝」（〈禮論〉）。天和帝沒有區別。此外，他還堅決維護上帝只有一個的主張，認為五帝、六天之說都是荒謬。

　　王廷相主張敬天、畏天，但否認天人感應。和柳宗元一樣，他也把講天人感應的看作巫術行為。他相信行善能有善報，認為祭祀是聖人神道設教，但神道設教不是說神不存在。他也相信人死靈魂不死，因為氣本身是有靈的。氣之靈，就是張載說的神與性：「神者，形氣之妙用，性之不得已者也。」（〈答何柏齋造化論〉）「元氣之上無物。有元氣即有元神，……非元氣之外又有物以主宰之也。」（〈答薛君采論性書〉）。

　　這樣的元氣，先化育成天，天再化育萬物。因此，人乃是天之氣化。人的神明，也是天的賦予。天賦予我以神明，我不應辜負天的賦予。

　　儒教的哲學，乃是儒者們敬畏上帝的理論基礎。

四、明朝後期儒者與基督教論上帝

　　明朝末年，在中國宗教問題上發生的一件大事，就是耶穌會神父利瑪竇來華傳教。利瑪竇和他的前驅者不同，他不穿僧服而穿儒服，並且把基督教的 God 說成是儒教的上帝。那麼，基督教的 God 是不是儒教的上帝？明朝末年的儒者也進行了討論。

　　依利瑪竇說，中國人崇拜一位最高的天神，並且把它稱為「天帝」。他還知道，祭祀上帝，只是皇帝的特權。因此，他認為，基督教的 God（利當時稱為「天主」），就是儒教的上帝。不過他說，後來中國的儒者變成了無神論。顯然他不能理解宋代以來由程頤、朱熹確立的「天即理」的上帝觀。

　　為此，利瑪竇批評宋代以來的儒教，認為不能把理或「太極」作為上帝。

　　經過相當時期的接觸，儒者開始對基督教有所瞭解。能夠接受基督教教義的儒者馮應京，也接受了利瑪竇的意見。他認為，利瑪竇說的「天主」，就是儒教的上帝，就是儒經所載、歷代聖賢所說的助上帝、事上帝的上帝。有條件接受利瑪竇說法的葉向高，在當時處於非常崇高的地位。他用儒教中山嶽、列星降生為聖人的說法去理解基督教的上帝降生為人。而在中國歷史上影響最大的徐光啟，幾乎完全接受了利

瑪竇的思想，認為利瑪竇學問的基本歸宿，乃是上帝，所以
認利瑪竇為同道。徐光啟也知道，中國的皇天上帝和天主是
有區別的，知道基督教事奉天主和中國人的敬天、事天有所
區別，但他同意把天主的特性歸於上帝。

　　和徐光啟一樣接受了基督教的李之藻認為，基督教事奉
上帝，和中國人的事天，非常契合。基督教的事天理論，不
違背儒經的宗旨。另一接受了基督教信仰的楊廷筠，同樣認
為，中國古代的聖人，沒有不事天、畏天、敬天的。這樣的
事蹟載在儒經，有根有據，明明白白。所以他接受基督教，
不僅不違背儒教的聖人之教，並且在他看來，自從秦代之後，
中國人對上帝的信仰降低了，是基督教挽救了中國聖人對上
帝的信仰。而基督教的天上只有一個天主的說法，不僅與儒
教經典符合，和孔子的畏天、達天宗旨一致，甚至比儒教經
書、聖人所說的更加詳盡。

　　在這些能夠完全接受或者有條件接受基督教的儒者看
來，他們信仰基督教似乎不是信了一個另外的宗教，而是加
深了他們的儒教信仰。假如他們不認為基督教的天主就是儒
教的上帝，他們是否能夠接受基督教，就很難說了。在利瑪
竇看來，只要你接受了洗禮，就是我基督教的信徒；而在這
些儒者看來，我信了你的天主，乃是更好地信了我的上帝。

　　然而儒者之中，更多的則是對基督教抱著疑慮甚至敵視
的態度。他們認為，依儒教的規矩，只有天子可以祭祀上帝，
現在人人都可以供奉天主，和天主對話，甚至塑一個天主像

放在家裏，是對上帝的嚴重褻瀆。儒教要求事天、事上帝，並且要小心翼翼，是一貫的傳統。但要把被釘死的耶穌作為上帝，則是錯誤的。

這些儒者強調，儒教的天，就是那個蒼蒼之天。這個天，能夠賞善罰惡，就是儒經中所說的上帝。從其形體而言叫做天，從其主宰而言稱為上帝，是宋代以來儒者們逐漸確立的、普遍信仰的上帝觀。用這個上帝觀來看待利瑪竇的言行，他們對有畫像的上帝不能接受。上帝怎麼能有像呢？而且這個像還是深眼窩、高鼻梁，儒者們更加不能接受。

對基督教來說，反對偶像崇拜，是至少從《新約》產生以後的一貫傳統。上帝不具有人的形象，也是至少從奧古斯丁神父以後的正宗上帝觀。基督教也常常以偶像崇拜來抨擊其他宗教。但是，利瑪竇卻帶著一個上帝的畫像。這種言行不一的情況也是招致儒者反感的原因之一。

反對基督教的儒者也不能接受上帝創世說。在儒教看來，上帝是世界的主宰，但不是創造世界和人類。而令儒教特別反感的，則是基督教讓人削減、甚至拋棄對父母、君主的愛，唯一的只愛上帝。在儒者看來，這是最大逆不道的無父無君之論。而無父無君，則是儒教最不能容忍的罪惡。

在這些爭論中，所有的儒者、非儒者共同的意見只有一點，那就是儒教本有自己的上帝，或者稱為天。分歧僅僅在於，這個上帝指的是什麼？它是什麼樣子？應該如何尊敬它和事奉它？

五、自認奉天命傳道的王艮

從唐朝末年儒者李翱提出人人可以成為聖人，到宋代儒者程頤、張載等人，就把成聖作為自己的追求目標。到明代，王守仁更是說什麼滿街都是聖人。儒者們自己離聖人似乎是日益臨近了。然而就其實際而言，在正統的儒者中，幾乎無人敢於自稱聖人，也無人把最近的儒者稱為聖人。

然而既然正統的儒者們有了這樣的目標，也就有人敢於自稱聖人。明代第一位自稱聖人的儒者是王艮。

王艮本是窮苦鹽丁的兒子，上私塾多少讀過一點儒經。他根據自己的生活經驗，到處宣傳自己對儒經那些似通非通的理解。有人說他是信口胡說，也有人說他的說法和王守仁相似。於是他去拜訪王守仁。經過幾起辯論，最後承認王守仁比自己高明，並且拜王守仁為師。

他未見王守仁時，就把成聖當作自己為學的目標。他認為，說堯舜的話，行堯舜之事，怎能不穿堯舜的服裝。於是他按照禮經，製作了五常冠、深衣、大帶和笏板，作為自己的服裝。他見王守仁時，就穿著這樣的服裝。他還問王守仁，孔子周遊列國的車是什麼樣子，王守仁笑而不答。見王守仁之後，他又穿著這樣的服裝，並且自製蒲輪車坐上，招搖道路，到北京去傳道。據說一位老者夢見一條無首的黃龍，行

兩到崇文門，變成一個站立的人。第二天一早，老者到崇文門，正好碰上王艮的車到京。於是北京人把他當成一個怪物。同門師兄弟勸他回鄉，王守仁也來信批評，他才回去。王守仁批評他的行為太過分，他表示悔改，但難改他那狂傲的目的和性格。他立志要像孔子那樣，周遊四方，去傳播先王之道。

　　王艮教授了很多學生，其中一個叫王棟的認為，孔子弟子三千，賢人七十二。其餘的就是無知的鄙夫，一般的平民。只是秦漢以後，孔子之學才成了經生文士的專業，一般平民不能再享受這本來是人人都可享受的學問。但是王艮出現了，他使這種情況發生了改變。王艮的降生，乃是天意。王艮的學問，直指人心，是孔子事業的真正繼承者。由於王艮的出現，使二千年中泯滅不明的學問，重新明白於世。因此，王艮的功德，可說是天高地厚。

　　假如王艮的學說能得到廣泛傳播，那麼，王艮就是孔子之後的第一人。

六、儒教異端三一教

　　比王艮更進一步的，是三一教主林兆恩。王艮實際上就未入儒教正統，林兆恩更是在儒教之外自立門戶。

　　林兆恩活動於明代嘉靖到萬曆年間，六十八歲時，他的

弟子及信仰者們到處建祠祭祀他，七十一歲時被尊為三一教主。就這個教的教義和它所信奉的至上神來看，這是一個儒教的變種。

林兆恩原是一個落第儒生。他三十歲應鄉試時，大家都認為他能夠得中魁首，結果卻沒有考中。從此以後，他就拋棄了仕途，在數年時間裏，他如痴如醉，向儒佛道三教中人求教。假若邂逅相遇，也長跪行禮。大家把他當成瘋子，但他自己卻真誠不改。有一天，他夢見孔子向他傳授《論語》大義，並且告訴他，這是自己所罕言的、不可使人知曉的大道。從此以後，林氏就確定了自己立教的宗旨，是以「明倫為本」。他的三一教，就是三教合一之教。而三教合一的意思是，使佛道二教都合於儒教。

但是他批評儒教中的腐敗現象，批評當時的儒教違背了孔子的教導。他的口號是「三教歸儒，儒歸孔子」（《林子本行實錄》）。不過，他也不要求人人在形式上做一個儒者，而是要求他們安於自己的職業，仍然為僧、為道、為工、為農、為商、為士，只要求大家把孔子的教導貫徹到自己的職業行為之中。

他告訴求學者，聖人就在自己心中。他自己，則以聖人自期。據《林子本行實錄》，他五十八歲時，作《三教合一大要》，其中表明自己的心跡是「願與混沌、羲、孔並列為四」，「補聖人所不及之缺典」。

他自己直接與上帝對話，把自己作為上帝的直接代言人。

他每做成一件大事，就要向上帝上奏章，「具疏告天」。五十八歲時，他完成了《經傳釋略》，後來改名為《四書正義》。書成之後，具疏告天。疏中認為，《四書》是最重要的儒教經書，但孟子以後，就大義失傳。他在疏中，重申使佛道歸儒的宗旨，並特別強調使儒歸孔子的主張。他向上帝訴說道，使佛道歸儒，還不是最大的困難，最大的困難是使儒歸孔子。使佛道歸儒沒受什麼責難，使儒歸孔子卻受到許多非議。他請求上帝幫助自己，實現儒歸孔子的理想。他還要求求學者，如果真的有志於聖人之道，就要對天發誓：「諸生初來受業者，必先令其疏天矢言」（〈書九序摘言卷端〉）。他死前不久，自撰墓誌，說夢見上帝召他回去，要他為三教之主。在他的心目中，他自己不僅是學做聖者，而且已經就是聖人，是與伏義、孔子並列的聖人。

　　三一教既然要求每一個學生都要具疏告天以明心跡，那麼，也就開創了人人可以和上帝對話的先河。三一教的行為表明，在儒教中，人人都可以直接和上帝交通的要求，是越來越強烈了。

第十章

清代的上帝信仰

儒教到了清代，就到了窮途末路。然而清朝皇帝對上帝的尊敬，似乎超越歷代。祭天的禮儀，一直堅持到最後。八國聯軍進北京，清朝太后、皇帝逃到西安。後來和議成功回京，仍在天壇舉行了隆重的告祭儀式。洪秀全將儒教上帝與基督教上帝合流，創設天帝教，號召信徒，建立太平天國。1911 年武昌起義成功，第二年建立的民主共和制度中，國家元首不再祭天，儒教的上帝，就失去了最重要的祭祀者。從此以後，中國人對上帝的信仰，只是零散地存在於民間。

儒教到了清代，就到了窮途末路。然而對上帝的信仰，卻仍然在發展中。

一、清代朝廷的上帝祭祀

建立清朝的滿族人，自稱是金人的後代。對上帝的信仰，他們還一直保持著。

清太祖努爾哈赤稱帝時，就焚香告天。皇太極繼位，天聰十年（1636 年），又在瀋陽德盛門外建圜丘祭天，於內治門外建方澤祭地。就在這一年，因征服察哈爾，得到元朝傳國玉璽，皇帝親自告祭天地，並改元崇德，定國號大清。

清朝定都北京以後，起初有在宮中祭祀上帝的禮儀。康熙即位之初，親自到南郊祭祀上帝。並且申明，以後每年的郊祀大禮都要親自進行，無故不令人代理。康熙四十六年（1707 年）冬至，天氣特別寒冷，臣子們請求代理，不許。二年後，康熙帝病重，才讓李光地代行郊祀禮。又過了兩年，病情好轉，又親自行禮。康熙帝六十歲後，因腳病行走不便，才又讓大臣代理。但自己還是要實行齋戒，並親自視察祭品，量力拜跪。一直堅持到祭禮完畢才還宮。臣子們屢次請求不要親自視察，但康熙帝不允許。康熙六十一年冬至，才命雍正帝代理。五天之後，康熙帝就去世了。在歷代皇帝中，康熙帝屬於最虔誠於上帝者一類。康熙帝作出了榜樣，以後的

皇帝也就不敢懈怠。咸豐皇帝時，有兩年因病不能親祭，就在宮內致齋行禮。

乾隆三十五年，清高宗弘曆六十歲，命禮臣簡化祭天禮儀，主要是減少步行距離和上下臺階的級數。由於害怕子孫們玩視祭天大禮，數年後特意申明，年令不到六十，不許簡化禮節。後來由於年令越來越大，才命令向次要神靈獻祭時，由諸皇子代行。

清代對原來明代的天地祭壇進行了擴建，並改進了裝飾。與之配套的日月、社稷壇也更加華貴。

明代嘉靖皇帝修建的天壇之北，是原來的大祀殿。清代乾隆時期，根據該殿的實際作用，改為「祈年殿」。祈年殿的建築高大雄偉，美麗華貴，被建築學家視為皇家祭天建築的代表作。不過從宗教上說，圜丘，也就是天壇，才是皇家祭天場所最重要的建築。

滿族祭天舊制，是臨時設一大杆，向大杆拜祭。又在靜室中合祭社稷諸神，名叫「堂子」。定都北京後，這個舊制被保留下來。順治時，在長安門外建堂子，正中為饗殿，上覆黃琉璃，合祭群神；饗殿前為拜天的圓殿；中間設神杆石座。每年春秋季立杆，杆用三丈高的松木。立杆大祭極為隆重。每年除夕，要將該年祭祀時陳設的紙帛和神杆一起焚燒。堂子祭天的禮儀有多種，以每年元旦和出征凱旋的祭祀最為隆重。此外坤寧宮中，也設朝夕祭祀神位，庭中也樹杆祭天。這種祭天的形式不同，但內容和南北郊祀、社稷祭祀無大區

別。這當是滿族適應當時不穩定的生活方式所形成的祭天禮儀。

清朝皇帝對上帝的尊敬，似乎超越歷代。祭天的禮儀，一直堅持到最後。八國聯軍進北京，清朝太后、皇帝逃到西安。後來和議成功回京，在天壇舉行了隆重的告祭儀式。

二、清初儒者的上帝信仰

清初儒者的上帝觀念，可以李光地為代表。李是清初的重臣，長期為皇帝解說儒經。他的上帝觀念，也就影響深遠。

依李光地所說，天，是「氣之宗」，即氣的根源。神，是「氣之靈」。上帝，就是氣的主宰。凡是有形有象的，都是天所屬的氣所造成的。有形事物中那些有知覺、有意識的，它們的知覺、意識，都是天所有的神的一部分。人的精神，自然也就是天的精神，是從天那裏得來的。

《尚書》上說，天聰明自我民聰明，天視自我民視。李光地認為，這是說民之聰明來自天之聰明，但不能因此認為天無聰明視聽。天也是有聰明視聽功能的。《禮記》上說：「人者，天地之心。」李光地說，這不是說天像人一樣，有顆血肉的心臟。而是說天地產生了萬物，包括人類。人類是萬物之靈，能夠繼承天的意志，所以天地之心就在人這裏。

依李光地所說，天不僅有心，而且有性，有知覺，有意

識，有德行，有精神，可以視，也可以聽。比如日月，就是天的耳目。日月的光明普照，就是天的精神的表現。

李光地說，氣中有「靈機妙用」，這就是神。神，也是氣的精英。神聚會的地方，就是心。心的作用發揮出來，就是精明。

鬼神和人的精神，都是氣中之靈，可以相互感通。所以儘管鬼神無形無象，但又是確實存在的，並且有求必應，有禱即靈。

李光地還認為，上帝、鬼神，都需要飲食。《詩經》上說「上帝居歆」，就是上帝需要飲食的證明。人之所以需要飲食，正是從上帝那裏來的。

三、清代民間的上帝信仰

據清朝初年一部小說《綠野仙蹤》所載，北方大部分地區，民間娶妻，新婚夫婦要禮拜天地。所以結婚也就被稱為「拜天地」。這說明，當時的民間，對上帝的祭祀已經非常普遍了。因從結婚時祭拜天地，還可以推想，民間在春節等重大節日時，也一定要用某種形式拜祭天地。

據李光地所寫的《五祀禮略》，當時的民間，不僅祭祀依照規定只能由大夫祭祀的門神、路神、井神等等，而且可直接祭拜天地：

　　然今雖編氓之家，醮祭天地，禱祀河嶽尊神，僭妄無

　　所不至，……

民間祭祀上帝，終於成為不可阻擋的潮流、趨勢。即使李光
地這樣權勢顯赫的人物，也只能感歎，而無可奈何。

　　民間祭祀上帝的習慣，在後來有了更大的發展。只要稍
微有點條件的人家，都會在自家被認為最適當的地方，為上
帝造一個神龕。往往是每年更換一張新的上帝畫像。這種上
帝畫像，木版套色印刷。粗糙是自然的，但絲毫不影響拜祭
者對上帝的虔誠。

　　上帝的神龕，往往建在室外。這和國家的天壇必須露天
是一樣的意義。因為天是用屋蓋不住的。

　　據筆者所知。這樣的習俗，一直保持到二十世紀。有的
地方，甚至至今也沒有斷絕。

四、儒教上帝與基督教上帝的合流

　　清朝中葉，一個屢試不中的儒生終於對前途失望，於是
創造了一個新的教門：上帝教。這個儒生就是洪秀全。

　　上帝教的上帝，直接來自一本基督教的入門書《勸世良
言》。洪秀全也認為這個上帝是基督教的上帝，它創造了世界
和人類。他按照基督教的規矩，允許人人祭拜上帝，並且也

按照基督教的規矩，禁止祭拜此外的一切神靈。他所領導的
「太平軍」所到之處，就拆毀儒教和其他宗教的廟宇，毀壞
其中的神像，並把這些神稱為妖。

　　然而洪秀全的上帝還有一個名稱：「皇上帝」。皇上帝的
稱呼見於儒經和歷代儒者的著作，並且是清朝皇帝口頭和行
文中的常用概念。洪秀全把基督教的上帝稱皇上帝，就露出
了這個上帝的儒教特點。有時候，洪秀全甚至直接稱皇上帝
為「皇天上帝」。其儒教的影響也就更加明顯。

　　洪秀全也認為，皇上帝是一元之氣。人和物所稟受的，
都是皇上帝這一元之氣。這顯然就是儒教的上帝。當時的許
多儒者，還保持著神人同形的觀念。而洪秀全也認為皇上帝
乃是一位「頭戴高邊帽，身穿黑龍袍」，「滿口金鬚」，相貌魁
梧，身材高大的神靈（見：《太平天日》）。

　　洪秀全堅決反對在基督教中已經長期成為定論的「三位
一體」說，認為父是父，子是子。耶穌基督不是上帝，只是
上帝的長子，而次子就是他洪秀全。

　　他洪秀全之所以下凡，乃是因為天命君師，他要下凡來
拯救世人。而他要奉行的，乃是「大原」在天的天道。並且
堅決相信，天道給善人降福，給壞人降禍。這樣的上帝，就
完全是儒教性質的上帝了。

　　洪秀全接受了基督教的平等思想，認為天下男子都是兄
弟。其證據，乃是《禮記·禮運》篇中孔子的教導。

　　可以說，洪秀全的上帝，至少有一半儒教的。

五、康有為的上帝觀

　　洪秀全之後，另一位接受了西方思想的儒者是康有為。他不僅建議按照西方的議會政治改造中國的政治，也提出要按照西方基督教的模樣改造儒教。

　　康有為認為，是孔子奉天命創立了儒教，聖人是天的代言人。天，是儒教的至上神。儒者應該本天、法天、事天、畏天、知天。天，或者說上帝，是無形的。因此，只生於天的事物，未必有人的形狀，所以人生於父母。父母給予的，是人的身體；天給予的，是靈魂。

　　在基督教的步步進逼下，康有為企圖仿效基督教的榜樣，廣泛建立孔廟。或者把佛教、道教或者儒教中的其他神廟，都統統改為孔廟，使人人都可以祭孔。

　　康有為對儒教教義的第二項重大改動，就是認為，人人為天所生，人人皆為天之子，因而人人都有祭天的權利。

　　康有為推動的政治變革失敗了，他的改革儒教的主張，則根本沒有付諸實行。

六、清末的護教運動

　　清末的儒者們，不僅大多反對康有為的政治變改，而且反對康有為的宗教變改。為了反對康有為的宗教變改，他們發動了護教運動。護教的言論，被編為《翼教叢編》。

　　護教運動的主將之一，是葉德輝。葉氏認為，康有為和梁啟超二人，企圖把孔子和耶穌基督相提並論，從而抹殺儒教和基督教的區別。其目的，是想用康教來代替孔教。

　　在敬天的問題上，這些儒者似乎和基督教沒有分歧。但是在忠君問題上，他們和基督教發生了嚴重分歧。他們認為，忠君，是儒教區別於其他宗教的最重要的內容。康有為主張人人可以祭天、祭孔，就是否定了這個基本原則，這是他們所不能同意的。

　　義和團運動中，也有護教的內容。在義和團的各種告示中，特別反對基督教僅僅祭祀上帝，而取消上帝之下各種神靈的主張。他們認為這是基督教想自己獨霸對天的崇拜。

　　然而，康有為失敗了，這些運動也都失敗了。1911 年武昌起義成功，第二年建立的民主共和制度中，國家元首不再祭天，儒教的上帝，就失去了最重要的祭祀者。天壇也就被冷落起來。十多年後，天壇被開闢為人民公園。現在到天壇公園遊玩的人們，很難想像當年中國古人祭祀上帝的隆重場

面了。

　　從此以後，中國人對上帝的信仰，只是零散地存在於民間。鑒於這種情況，不少人就認為中國從孔子以後，就不再有宗教存在，甚至說中國古代是沒有宗教的國家，這是不符合歷史事實的。至於一般民眾，則只知道上帝是基督教的，而不知自己的祖先原來也是崇拜上帝的。或者說，不知道上帝乃是中國古人的崇拜對象，而基督教的上帝，不過為了傳教方便，把人家的至上神用了中國的名字而已。

結　語

一

　　本書的敘述向讀者表明，上帝，是儒教的至上神，也是古代中國人普遍信仰的最重要的神。而儒教，則是中國古代的國教。中國古代，和其他民族一樣，也是一個宗教意識佔據著統治地位的國家。在這一方面，中國人沒有什麼特別的地方。總認為我們和人家不一樣的結論是錯誤的。

　　儒教，是中國封建時代的國教。儒教中的上帝鬼神信仰以及有關的教義教理，對於當時各民族的融合以及形成為一個統一民族的歷史進程，對於鞏固國家的統一，發揮了重要的作用。

　　儒教統治時期，也是中華民族文化創造最為光輝燦爛的時期。中華民族的特點，包括優點和缺點，幾乎都與儒教有關。也就是說，在歷史上，儒教對於中華民族的生存和發展，起到了無與倫比的作用。

　　然而正如一切在歷史上產生的事物一樣，也要在歷史上消亡。在地球上沒有更新的文化出現的時候，儒教曾經是當時最新文化成就的代表，所以為周邊民族所嚮往。當地球的

另一半土地上出現了更新的文化成就的時候，儒教就日益顯
出它的衰老和腐朽性質，終於在年輕、但強有力的敵手面前
遭受了歷史上前所未有的失敗。為了生存，為了在帝國主義
列強的炮火和彈雨下生存，當時先進的中國人不得不拋棄了
儒教，向敵人學習，到敵人統治的地區尋找更先進的文化。

　　時至今日，當我們在學習西方的運動中有了一定成效，
中華民族已經渡過了那瀕臨滅亡的時期之後，再來反思我們
的過去，油然而生的民族感情對儒教的命運感到痛惜了。這
種非常可貴的感情甚至指責上一代：為什麼要拋棄列祖列宗
的遺產？並且僅憑這一點，就有理由把一切可能的憤怒和譴
責投向當時那些拋棄儒教而另尋出路的人們。

　　然而，假如這些被後輩指責的前輩們地下有靈，在飽聽
了後輩的譴責之後，只消一句話，就可以讓這些譴責變得淺
薄和無聊：孩子，沒法活啊！

　　一個人，可以、也應該為了正義不惜犧牲。因為正義是
國家的、或者民族利益的表現。而一個民族的正義，就是維
護自己的生存，使自己能夠和其他民族一樣，平等地生存在
這個世界上。即使一個家庭在危急的時候，也不惜變賣祖宗
的遺產，以維護家庭的安全。何況一個民族，難道能夠抱著
祖宗的遺產滅亡？難道這樣就叫做對得起列祖列宗？

　　中華民族在它最危險的時候，不僅被迫著發出了最後的
吼聲，而且拋棄了祖宗的遺產，尋來了新的武器，包括鋼鐵
的和思想的。憑藉這兩方面的新的武器，中華民族不僅渡過

了生死存亡的關頭，而且得以自立於世界民族之林。實踐是檢驗真理的唯一標準。中國今天的狀況，就是對辛亥革命、五四運動以來，前輩們拋棄儒教是否正確的最有力的證明。

二

儒教文化，是中國封建文化的主體。儒教沒有了，封建制度沒有了，那麼，我們將如何對待這封建文化、或者說是儒教文化呢？

不必深論，儒教文化既是封建文化的主體，那麼，在總體上，它就不可能適用於現代的社會生活和社會制度。它的君臣父子之論，三綱五常之說，不適用於現代社會。因為現代社會沒有君，也就無所謂臣。雖然父子關係無所逃於天地之間，夫婦關係也會仍然存在，但相互平等的原則是現代社會的標誌，而無所謂綱常關係。至於儒教的天命鬼神信仰，以及與此相應的以祭禮為核心的禮儀制度，由於現代社會不信鬼神，也失去了立足之地。也就是說，儒教適應當時的社會生活所規定的人的言行規範和價值觀念，已經不再為現代社會所需要，也不能與現代社會相適應了。如果有誰一定要將過去的忠孝節義之類貫徹於現代社會，其命運絕不會比唐吉訶德的長矛好些。

這些規範和是非美醜的價值觀念不適用了，但是這些規範和價值觀念由以出發的認識成果，卻永遠是我們的寶貴財富。就像當我們拆掉舊房蓋新房的時候，我們所依據的蓋房

原理，是在舊房基礎上發展起來的。這些原理，其中一部分在今天還能繼續運用，即使那些過時的部分，也具有歷史的意義。研究它們，會使我們明白前人認識世界的曲折道路，從而使我們盡量避免可以避免的曲折，用較少的付出獲得較多的成果。

任何一個較為發達的文化體系，都包含著它為人們制訂的行為原則和為確定這些原則所獲得的認識成果。其行為原則也都要隨著時代的遷移而成為歷史，其認識成果則將以它的積累效應和經驗教訓，成為後人繼續前進的基礎和鑒戒。中華民族數千年未曾中斷的文化積累，尤其是儒教文化的光輝燦爛，是列祖列宗遺留給我們的巨大思想寶庫。如果我們認為列祖列宗所制訂的規矩不能改變，至少是覺得非常美妙，那麼，這些寶藏就會成為我們的包袱，而且是沉重的包袱；如果我們能夠把這些規矩由以出發的認識成果弄個明白，這些寶藏就會成為我們今天繼續前進的認識基礎。

所謂傳統文化中的認識成果，通俗地說，就是其中所包含的智慧，而不是智慧的最終產品。人類的智慧，不是天生的，也不是頭腦裏固有的。相反，智慧是在實踐中產生和發展的，並且推動著頭腦的進化。然而無論多麼發達的頭腦，都必須從實踐中，從學習前人的過程中獲得智慧。而為了獲取前人的智慧，正是我們研究傳統文化的主要目的，也是我們研究儒教，研究儒教至上神信仰的目的。

附錄一：

儒教、儒家和儒者

自 1979 年（今按：應為 1978 年）重提儒教說以來，在學術界曾引起了嚴重的爭論。迄今為止，在傳統文化研究領域，學者們的絕大多數，還是難以接受儒教說。但在宗教研究領域，儒教說已經得到越來越多的支持或半支持。其中較有代表性的學者或論著有：何光滬《多元化的上帝觀》和賴永海的《佛學與儒學》，他們都明確指出儒教的存在。賴著還認為，不研究儒教，實則是把儒家「攔腰砍斷」。其次是牟鍾鑒的〈中國宗法性傳統宗教試探〉 ❶ 一文。該文認為中國古代，在佛道二教之外，還存在著一個「正宗大教」，並大致描述了這個「正宗大教」的神靈系統和禮儀制度。該文批評研究中國傳統文化的學者眼裏只有佛道二教，認為不研究這個「正宗大教」乃是「主導線索的喪失」，「根本性」的「失誤」。該文雖不承認儒教說，但該文對「正宗大教」的描述，正是儒教的重要內容。

上述三位學者在宗教學界，都有相當的造詣。他們的意

❶ 載《世界宗教研究》1990 年第一期。

見，值得特殊重視。

　　此外還有許多學者和論著，以這樣那樣的方式承認，在中國古代，在佛道二教之外，還存在著一個大的宗教或準宗教。限於篇幅，不再一一列舉。

　　儒教說剛剛提出之時，反對的意見集中於「儒家不信神」，所以不是教。研究的深入，儒家信神的事實已被不少學者所瞭解，最近的反對意見又集中於「儒學是學，不是教」。本文的目的，就想談談儒教、儒學和儒者。

一、　儒教的存在及其主要設施

　　北京城內，目前還完整保存著明清時代陸續建設起來的一些宗教設施：天壇，日壇，月壇，社稷壇等等。翻開《明史》和《清史稿》的〈禮志〉，可以看到，這些宗教設施都對應著一定的神靈系統。這些神靈主要有三類：

　　1.以昊天上帝為首的神靈系統；

　　2.祖宗神靈系統；

　　3.以孔子為首的神靈系統。

這三類神靈系統僅是適應我們講述的需要而作出的劃分，實際上，所有的神靈都是昊天上帝的臣民，並依自己的等級和職能享受相應的祭祀。

　　往上追溯，則這套神靈祭祀系統見於歷代正史的〈禮志〉或〈祭祀志〉。再往上溯，又可一直上溯到周、商和遙遠的古代，它是遠古一脈相傳並為歷代國家奉為正宗的宗教信仰。

　　這個宗教的最高神是天或上帝，二者異名而同實。上帝的名稱，經過了許多變化。有案可查的材料，商代稱「帝」或「上帝」，周代又稱「天」，秦朝認為上帝有五位，到漢武帝，認為最高神是太一。王莽據儒經，稱上帝為「皇天上帝」，被劉秀沿用。三國魏晉南北朝，不同的政權給上帝起了不同的名字。曹魏稱「皇皇帝天」，孫吳稱「皇皇后帝」，梁武稱「天皇大帝」。其根據，都在儒經。最後定名為「昊天上帝」。此名始於晉代，定於隋，唐宋明清沿襲不變，中間只有一點小曲折。昊天上帝的根據在《周禮·春官·宗伯》：

　　　大宗伯……以禋祀祀昊天上帝……

　　關於上帝的觀念，中國古代也經歷了和基督教世界相似的歷程。起初，上帝與人不僅同性，而且同形。後來，上帝成為不具人形，卻具人性，可以賞善罰惡的神靈。

　　商周時代的上帝觀念如何？可供研究的材料很少。但秦漢之際的五帝，意義卻非常明確，他們本是人間的君主，後來做了上帝。漢代，上帝的觀念發生了重大變化，上帝被說成是星，或被解釋為靈。後來，上帝逐漸被解釋為「元氣廣大」。

　　「元氣廣大」義來自《毛詩傳·黍離》：「尊而君之，則稱皇天；元氣廣大，則稱昊天……。」上帝被定為昊天上帝以後，《毛詩傳》的解釋就成為正宗的解釋：

> ……按《開寶通禮》,元氣廣大則稱昊天……人之所尊,
> 莫過於帝, 托之於天, 故稱上帝。❷

儒者對昊天上帝的解釋, 在一個長時期裏, 成為儒教正統的
上帝觀。儒教的上帝, 完成了從神人同形到不同形的轉變。
國家祭祀, 上帝也僅有一牌位, 而沒有形象。

後來, 程頤對上帝作了進一步的說明:

> 天者, 理也; 神者, 妙萬物而為言者也; 帝者, 以主
> 宰事而名。❸

依程頤, 天、理、上帝, 還有鬼神、乾, 都是同實異名的概
念, 或是對同一對象從不同角度進行的描述。程頤的上帝觀,
得到朱熹的支持, 並為此後的儒者們所認可。

在祭祀實踐中, 天或上帝有所區別, 歷來解釋不一。朱
熹說:「為壇而祭, 故謂之天; 祭於屋下而以神祇祭之, 故謂
之帝。」❹朱熹的解釋, 後來也成為對祭祀實踐的正宗解釋。

上帝的形象變化了, 人們對上帝的觀念不斷演進, 但上
帝的賞善罰惡作用卻不變:

> 楝問: 福善禍淫如何?
> 曰: 此自然之理, 善則有福, 淫則有禍。天之報應,

---

❷　《宋史·禮志》。

❸　《程氏遺書》卷一一。

❹　《宋史·禮志》。

　　皆如影響。

對上帝的祭祀，當然也是必要的。

　　上帝之下，是如人間官吏那樣多，那樣分等級尊卑的神靈系統。

　　君主，是天子，即上帝之子。「天子」一詞，絕不僅僅是個稱呼，而是具有非常實際的宗教意義。他是上帝具有血統意義的子孫。在司馬遷作《史記》時，五位上帝之中，黃帝最尊貴。所以夏商周秦的世系，都要追溯到黃帝。劉邦匹夫而為天子，世系難以追尋，儒者們曾煞費苦心。最後由東漢賈逵從《左傳》中找到劉氏為堯後，《左傳》因此被特殊重視，賈逵也因此而得到晉升和賞賜。王莽上臺，曹魏篡權，也都要煞費苦心地說自己是堯舜之後，因為由此可上溯到黃帝，表明自己是真正的上帝之子，具有做皇帝的資格。

　　漢魏之後，血統的追尋越來越困難，於是感生帝出來了。感生帝之說出於儒者鄭玄《禮記注·大傳》：

　　王者之先祖，皆感太微五帝之精以生。

北朝末年，開始祭感生帝。北齊、北周祀青帝靈威仰，隋祀赤帝赤熛怒，唐、宋沿襲不絕。「天子」由具有實際意義的上帝之子，成為抽象意義的上帝之子。

　　當然，天子或上帝之子不能理解為僅是上帝的兒子，而是上帝的「宗子」，即嫡長子。張載《西銘》道：

> 乾稱父，坤稱母。……大君者，吾父母宗子；其大臣，
> 宗子之家相也……

依《左傳》：「神不歆非類，民不祀非族」（僖公十年），只有
宗子可以祭祖，也就只有君主可以祭天。君主祭天，乃是宗
法制度下祭祖的延伸。

　　祭祖，是每個成人都必須履行的義務。至於山川社稷這
類「公神」，則由國家官吏進行祭祀。依儒經，天子祭天及天
下名山大川，諸侯祭社稷及境內名山大川，大夫祭五祀等等。
秦朝實行郡縣制之後，地方主官代行諸侯的職能。他們要祭
境內山川，本地社稷，要祭孔，要祈雨。宋代以來的文集中，
多有祈雨的文字，那就是他們做過地方主官的記錄。陸九淵
如此，葉適也如此，他們哲學主張不同，但既為地方主官，
也就要擔負祭祀職能。

　　宗教組織和國家組織一體，是儒教和基督教國家不同的
地方，卻和伊斯蘭教類似。在國家系統之外另有教會系統，
國家官吏無祭祀職能，是基督教世界的特點，卻不是一切宗
教的通例。

　　儒者國家有專管宗教祭祀的部門。《周禮》有春官，秦漢
時是太常卿或奉常卿，後來是禮部。在六部之中，禮部居於
最高的地位。

　　國家組織同時就是宗教組織，宗教把國家組織作為自己
的物質載體。在這個組織系統的最頂端，是皇帝。中國的皇

帝，不僅是國家元首，同時也是最高的祭司，是聖人，是上帝的代言人。皇帝的話，就是聖旨，是只能順從而不能反對的。

　　直至今日，人們看到中國百姓不拜上帝，就認為中國古代無教，或者說只有偶像崇拜、多神教。這實在是不了然之論。那是由於儒教的規定，不讓他們祭祀上帝。清代末年，康有為在變改政治的同時，也要仿效基督教的榜樣，變改儒教。要求皇帝允許人人可以祭天、祭孔。但光緒皇帝可以變革政治，卻不允許變革宗教。皇帝的開明，是有限度的。

二、儒學是儒教的靈魂

　　儒教，是儒學和傳統的宗教信仰相結合的產物，或者說，是傳統的宗教信仰把儒學作了自己的思想基礎。漢武帝獨尊儒術，標誌著儒教的誕生。董仲舒說：

> 王道之三綱，可求於天。❺

也就是說，孔子所認為最重要的君臣父子之道，不是從社會生活中產生出來的政治倫理原則，而是出於天意。因此，人們遵守這些原則，就可以受到天的庇佑：

> 夫仁誼禮智信五常之道，王者所當修飭也。王者修飭，
> 故受天之佑，而享鬼神之靈……

---

❺　《春秋繁露·基義》。

這不是我們今天所說的普通的道德，而是一種宗教的道德。

　　王充反對天人感應，卻不否認上帝的存在，也不反對董仲舒對儒者道德的理解。《論衡·辨祟篇》道：

> 天，百神主也。道德仁義，天之道也。戰栗恐懼，天之心也。廢道滅常，賤天之道；險隘恣睢，悖天之意……孔子曰：死生有命，富貴在天。

王充向來被認為是無神論者。實際上，他僅反對人死為鬼，僅反對儒教中的某些具體說法，這是一切宗教內部都存在的理論分歧。究其基本立場，王充同樣也是個儒教學者。

　　董仲舒以後，傳統宗教的信仰體系開始一步一步嚴格地按照儒經的指示來安排。太一祠從甘泉宮遷回首都，並逐漸確定了儒教最重要的南北郊制度。依儒經確立了上帝的數量、名稱和等級，儒者們對上帝觀進行了長期的討論。依儒經，儒者們確定了應該祭祀的神靈和祭祀的禮儀，並且隨著時代的發展而不斷地進行修訂。為了說明儒經所說的儒教教義，歷代儒者對儒經不斷地進行注釋。注釋不足以盡意，就另撰專論、專著。在這些注釋和論著中，儒者們廣泛探討了自然界和社會生活的各個方面，發展出了哲學、科學以及政治、經濟和文學藝術的各種理論，建立了龐大的儒學體系。

　　因此，所謂儒學，就是釋經之學。不是直接的注釋，就是間接的發揮。而不論是直接注釋還是間接發揮，其核心都是儒經。

在儒學研究中，最容易忽略的問題就是儒學和儒經的關係。其實，從孔子開始，儒經就是儒者們的必讀書。儒經中的思想，是儒者們思想的基礎和出發點。不同時代的儒者對儒經的理解有所不同，因而使儒經呈現出不同的面貌。但無論哪一時代的儒者，都不否認其中的上帝、天命信仰。長期以來，學術界之所以認為儒者不信神，重要原因之一，就是忽略了儒學和儒經的關係。

人們否認儒學和宗教的關係，否認儒學的宗教性質，其思想和認識方面的原因，主要是認為儒學是「入世的」，是講「修齊治平」的，因而不是宗教。

我們這裏也不採用「儒學是不是宗教」的提法❻，正如不採用「佛學是不是宗教」的提法一樣。我們也不是要把儒學說成儒教，而是實事求是地肯定儒教的存在，並說明儒學在這個宗教中的地位和作用。

肯定中國古代在佛道二教之外還有一個大教存在著，如今已不是儒教說的提出者一個人的意見。比如前引牟鍾鑒教授的文章，就用了極大力氣論證中國古代確有一個「正宗大教」存在於佛道二教之外，這是該文的理論貢獻。該文的缺點，是忽略了這個「正宗大教」該有自己的經典，儘管該文對這個「正宗大教」的描述幾乎全部取材於儒經和儒典。

忽略了儒經和那個「正宗大教」的關係，也就把儒學排除於那個「正宗大教」之外，其基本理由，也是因為儒學是

---

❻ 語出何光滬。

講「修齊治平」的「入世」之學。

　　以「出世」和「入世」來劃分教與非教，是個錯誤的概念。從過去到現在，還未見有哪一個宗教宣佈過自己是不能夠治國而只能是「出世」的。有些宗教之所以不得不「出世」，完全是情勢所迫，而非出於自願。在這些出世的宗教之旁，總是同時存在著「入世」的宗教。其宗教法律同時就是國家法律，其國家元首同時就是宗教領袖。在這些國家中，從近代才開始的政教分離過程，至今仍然步履艱難。

　　儒教是個「入世」的宗教。直到中國封建社會滅亡，它始終沒有落到「出世」的地步。所以儒學不僅探討上帝鬼神觀念，探討神人關係，也著力研究「修齊治平」之學。和一切宗教學說一樣，儒學也不認為研究「修齊治平」之學是社會本身的需要，而認為這是稟承上帝的意志。《古文尚書·泰誓》載：

　　　　天佑下民，作之君，作之師，惟其克相上帝，寵綏四方。

《孟子·梁惠王下》文字稍有出入：

　　　　天降下民，作之君，作之師，惟曰其助上帝，寵之四方。

這就是說，「君」和「師」是由上帝任命的。他們的任務，就是輔佐上帝，管理和教化好上帝的臣民。因此，儒學之所以

強調「盡人事」，乃是為了奉承天命。

著名宗教學者弗雷澤說道：

> 宗教實踐並不總是非要舉行儀式不可。也就是說它並
> 不一定要供獻祭物、背誦禱詞及採取其他外表形式。
> 這些形式的目的僅僅是為了取悅於神。如果這些神喜
> 歡仁愛、慈悲甚於帶血的祭品、讚歌和香火，那麼它
> 的信徒們使它高興的最好的作法，就不是拜倒在它腳
> 下，吟誦對它的贊詞，或用貴重禮物擺滿它的廟宇，
> 而是以廉潔、寬厚仁慈去對芸芸眾生。……希伯來的
> 先知們出於對上帝的美好與神聖的崇高信念而孜孜不
> 倦地教誨人們的，正是宗教的這一倫理學的方面。❼

弗雷澤列舉了《新約》、《舊約》中那些「入世」的規條，說
這些正是宗教的規條。

中國傳統宗教發展到周代，已經意識到，德，才是取悅
於上帝的最重要的條件。孔子開創的儒學，著重發展了傳統
宗教中的這一新因素，奠定了儒學重人事的基本特徵。這是
和希伯來先知們一樣的事業。但是，推崇中庸之道的孔子，
絕不為過甚之舉。他不僅認為知禘禮者治天下易如視掌，甚
至連告朔之餼羊也不忍廢棄。所以直到封建社會末了，豐盛
的祭品，隆重的禮儀、贊詞和香火，仍然是儒教的必要組成
部分。至於儒教發展的早期，儒者們更是期望用外表的形式

❼ 弗雷澤《金枝》（中譯本），第 78 頁。

和德行去取悅上帝，並期望從外表的形式中，比如災異和祥瑞，找到上帝對自己的態度。這也是漢代儒學的基本特徵。他們重德，但重的主要是外在的德。

　　過分重視外在形式，導致漢代儒者中出現了令人難以容忍的虛偽和貪婪。後來的儒者，要求從內心深處去培育自己的德行，從而認為，人的自然本性，這個看不見的存在，才是外在德行的根本。由此導致了哲學的有無、本末之論。這是魏晉南北朝時代儒學的特徵。

　　從外在轉向內在，使儒者越來越深地體會出「天道從人」的道理，認為人事就是天意：「人事者，天意也。」「順人心」就是「奉天」。並且只有人事做得好，才能取悅上帝：「未有人心悅於下，而天意怒於上者；未有人理逆於下，而天道順於上者。」 ❽

　　人事是人為的，所以修身是治國之本。人之所為起於內心，所以修心又是修身之本。從這裏，引發了宋代以及以後理氣心性之學。無論宋代以及以後的儒學有多少派系，討論理氣心性，歸宿於修齊治平，則是他們的共同特徵。

　　人們看到「運水搬柴無非妙道」的禪學，忘不了這是佛教的一宗。可是看到宋代這樣的儒學，卻總以為這僅僅是哲學，是世俗之學，把這樣的儒學和宗教劃清界限，從而忘記了這樣的儒學正是天意的表現。因為此時的上帝，真正喜歡的是人們的德行。

---

❽　歐陽修《新五代史·司天考二·序》。

　　這種儒學的代表人物是朱熹，朱熹的代表作是《四書集注》。《四書集注》首篇是「大學章句」，其序言道：

> 蓋自天降生民，則既莫不與之以仁義禮智之性矣，然其氣稟或不能齊，是以不能皆有以知其性之所有而全之也。一有聰明睿智能盡其性者出於其間，則天必命之以為億兆之君師，使之治而教之，以復其性。

「仁義禮智之性」是天「與」的，君與師，是天「命」的；治和教，是天「使」的。這豈是我們硬要把以朱熹為代表的儒學說成是儒教的呢！

　　五四運動前後，以陳獨秀等人為代表的新派學者，開始倡儒教非教說。他們說，儒教只是教化之教，而不是宗教之教。其實，教化之教和宗教之教並不矛盾。一切人為宗教，都是用來教育群眾的。儒教是教化之教，佛道二教也是教化之教，其他人為宗教也是教化之教，沒有發現過教化之外的宗教。至於說儒教不借助天命鬼神，那是不符合事實的。

　　我們不能同意陳獨秀的「儒教非教」觀點，但非常能理解他們當時的處境。京城之內，是袁世凱等人日益猖獗的復辟活動；京城之外，康有為等人要求把孔教定為國教。承認儒教是教，就須給孔教以信仰自由；給孔教以信仰自由，孔教就不會給他人以信仰自由，特別是不會給科學和民主以自由。儒教誕生的前提，就是「罷黜百家」。儒教的教義，最要者為君臣父子。允許儒教的信仰自由，就須允許「君」的存

在。這是以陳獨秀為代表的新派人物絕對不能通過的。

時至今日，使我們有可能平心靜氣地、實事求是地對儒教進行科學的研究，進行批判的繼承。但前提是弄清儒教的本貌。否則，遭批判的未必是糟粕，要繼承的也未必是精華。

三、儒教和儒者

依朱熹《大學章句·序》，孔子乃是「不得君師之位以行其政教」的聖人，因此，孔子也是天命的師，在儒教中被稱為「至聖先師」。依照「神不歆非類」的原則，孔子只接受儒者的祭祀。

據說孔子以前的聖人，伏羲、神農、黃帝、堯、舜、禹、湯、文、武，都是集君師於一身的。從孔子開始，儒者們多只能滿足於「師」的地位，像王莽、劉秀那樣，出身儒者而取得君位，是極其少見的。

作為「天降之民」的師，不僅要有高深的學問，而且要有高尚而仁厚的德行。這種德才兼備的要求，至今仍應為現代社會所仿效。

依朱熹所說，孔子所行，不僅是教，而且有「政」。要行教，可以聚徒講學甚至潔身自好也可。要行政，就必須出仕，得到君主的任用。「獨尊儒術」以後，從理論上說，國家官吏，只能由儒者充任；儒者要行其政教，也只有出仕。出仕後不僅行政，而且也能更好地行政。所謂「練好文武藝，貨與帝王家」，不過是對儒者前途出路的一種俗說罷了。

　　絕不可以今天那種「一心想做官」、「往上爬」之類的卑劣概念來理解儒者的出仕。僅為謀俸祿，甚至為貪贓而仕的儒者代不乏人，但那和一切宗教中都存在的腐敗現象一樣，是不能由教義來負責的，而主要是當事者自己的責任。依儒教教義，出仕乃是儒者行其政教的幾乎是唯一的方式，甚至是儒者必須履行的一種義務。隱居不仕者雖也不時受到表彰，但那往往是為了某種實際需要，原則上是不允許的。「聖代無隱者」，所以隱居往往被認為是彰朝廷之惡。有的君主還頒佈法令，對隱居不仕者進行懲罰。

　　儒者是知識的載體，因此可說是古代的知識分子。但他們並不同於現代專司知識生產而不負治民之責的知識分子。現在專司知識生產的知識分子把古代儒者引為同道，把自己的命運和他們相比較，並不是恰當的。儒者的目的是「行政教」，而不是專門生產知識。從孔子開始，孟子、董仲舒、王弼、韓愈、二程、朱熹、陸九淵、王守仁、王夫之，直到康有為，沒有一個不曾做過國家的官吏，或者只求隱居不求出仕。不求出仕的情況，是被迫的。

　　既出仕，就須履行國家官吏的職能，不僅管理和教化民眾，而且擔負一定的宗教祭祀任務。當然，即使不出仕，他們也須祭孔、祭祖，只是不能參與祭祀天地日月山川之類的公神罷了。

　　牟鍾鑒的那篇文章，把「正宗大教」歸屬官吏系統，把儒學歸於儒者，似乎「正宗大教」和儒學，官吏系統和儒者，

是互不相干、各自獨立的系統，這是不符合歷史事實的。

　　儒教國家為了培養後備人才，逐步建立了龐大的教育系統。起初是五經博士，後來為博士設弟子，再後建立太學，太學之後又有國子學、四門學，到宋明時代，遂形成從中央到地方各級公立學校相互聯屬，並由私立學校作為補充的教育體系。學校的教員和管理者由儒者充任，被稱為學官。學官也是國家官吏的組成部分。

　　依《周禮》，學校屬春官大宗伯，後來屬奉常卿或太常卿。隋代一度有所變化，唐宋以後隸屬禮部。從春官到禮部，名稱不同，職能無別。這和西方世界把學校隸屬教會，是一樣的思想。

　　學官除教授學生和進行正常的祭孔任務外，在國家祭祀中，要充當贊相之類的任務。學生則是國家的後備官員。當然，從學生到做官，還有一段艱難的路。學生眾多時，許多終身也難以出仕；學生少時，剛剛畢業就有做到布政使的，相當於今天的省長。這種巨大的差別，主要決定於當時的人才供求矛盾。但一般情況是，學而優者，去做行政官員；差一點的，做學官。學而劣者反而得官的情況也比比皆是，那主要是當事者舞弊，不是儒教國家的本意。

　　儒教國家選拔官吏，原則是德才兼備。為此應用過許多辦法，制訂過許多標準。從漢代察舉，經九品中正，到後來的科舉考試；從孝弟力田，到後來試詩賦、策論和經義。孝弟本身主要是一種道德標準，科舉考試則主要是試才。出仕

者的道德，主要靠學校的教育。從宋代程頤開始，把儒者之
「學」規定為主要是學做聖人，而不是學知識，這也是和現
在的「學」完全不同的概念。

　　學做聖人的標準，是去掉全部人欲，心中只有天理。萌
發任何一個念頭，都能合乎仁義中正之道；處理任何事情，
都能合乎儒教的政治倫理原則。要達到這一步，重要的方法
是以虔敬的態度靜坐，反省自己。程頤到朱熹，把這樣的修
養原則概括為一個字，叫做「敬」。

　　敬，本來是儒者的祭祀原則：「敬，盡，然後可以事神明。
此祭之道也。」❾到程朱，把敬推廣為一般的修養原則。在心
性修養時，敬什麼呢？程氏認為：

　　「忠信所以盡德」，「終日乾乾」，君子當終日對越在天
　　也。……故說，神「如在其上，如在其左右」。大小之
　　事而只曰：「誠之不可掩如此夫。」徹上徹下，不過如
　　此。❿

程氏的主張，到朱熹那裏化為修養的程序和規條。其《敬齋
箴》道：

　　正其衣冠，尊其瞻視，潛心以居，對越上帝。……

《敬齋箴》，是朱熹以後的儒者奉為正宗的修養規範。

---

　❾　《禮記‧祭統》。

　❿　《程氏遺書》卷一。

　　一個人，時時刻刻覺得上帝就在我的身旁，在監視著我，知道我的一切，因而處處小心，百倍謹慎，儒者對上帝的這種虔誠，比哪一種宗教遜色半分？

　　依《禮記·文王世子》：「凡始立學者，必釋奠于先聖先師。」繼承古代傳統，儒教逐步完善發展了祭祀先聖先師的制度。起初，是在學校中為先聖先師立祠，後來又在外專立廟祭祀。起初，先聖先師祠只在京城、曲阜等少數地方，後來在全國各州府縣均須建先聖先師廟。每年春秋兩季，每月朔望兩次，由地方主官或學官率領官員和學生致祭。有時天子也親往致祭。直到辛亥革命之後，各地孔廟才陸續廢棄或移作他用。保存至今的已經很少了。

　　至聖先師最初由周公和孔子分任。從唐代起，則專指孔子，稱至聖先師。一個儒者，生前以稟承上帝意志、行其政教為目的。死後以入孔廟陪同孔子享受祭祀為最高榮譽。這和基督教將聖徒葬入教堂，是同樣的用意。從顏回開始，歷代許多優秀的儒者都得到了這樣的榮譽。其中包括王弼、王安石這樣的儒者。依據他們的貢獻和與孔子的親近程度，陪同祭祀者分為配享、從祀不同的等級，被稱為亞聖、先哲、先賢、先儒等。孟子以後的儒者，王安石得到的榮譽最高。他被封為王，和孟子並列，配享孔廟。其次是朱熹，曾升躋先哲。最後進入孔廟的儒者是王夫之、顧炎武和黃宗羲，最後一個夢想進入孔廟的大約是康有為。

　　從宋代起，孔廟以外，儒者們還隨自己心願，私建了許

多「先賢祠」。所祠的人物，或二或三或四或五不等，主要是
周敦頤、張載、二程、朱熹等人。宋以來的文集中，不斷見
到這樣的文字。據估計，在儒學極盛的的明代，其先賢祠的
數量，只能多於而不能少於佛教的羅漢堂。

　　儒者生前，時刻懷抱著對上帝的敬畏；死後，其代表人
物被作為神靈加以祭祀。面對這樣的情況，人們應能正確判
斷儒家文化的性質。

　　首發表於《中國社會科學院研究生院院報》1997 年第一期

附錄二：

關於「儒教是不是宗教?」的爭論

一

「儒教是不是宗教?」的爭論，在大陸開始於 1978 年底。任繼愈先生在南京的一次學術討論會上，正式提出了「儒教是教」說，並於次年在太原召開的中國哲學史討論會上重申這一主張。由於這一問題的提出是如此重大，又如此突然，所以會上未能展開爭論，只是拉開了此一爭論的序幕。

會後，對這一問題展開了長期而激烈的爭論。爭論的參加者，有當時健在的馮友蘭先生，有現在仍然健在的張岱年先生。公開著文的還有李錦全先生，以及當時研究生剛剛畢業的崔大華、林金水等先生。此外還有許多或專門著文、或以附帶方式表示的對「儒教是不是宗教」的意見。這些意見雖然角度不同，但觀點一致，即全都反對「儒教是教」說，而贊同「儒教非教」說。只有任繼愈先生一人不時發表一篇文章，闡述他的儒教是教說。這樣的情況，一直持續到上世紀八十年代中期。這可以算作關於這次儒教是教非教爭論的

第一階段。

　　大陸第一位公開著文表示支持儒教是教說的，是當時還是研究生、曾任中國社會科學院世界宗教研究所宗教原理研究室主任、現任中國人民大學教授的何光滬。何在他博士論文的前言中，公開表示贊成儒教是教說。論文後來以《西方的上帝觀》為名出版。繼何光滬之後，是南京大學賴永海教授在他的《儒家與佛教》一書中，公開表示贊同儒教是教說。認為講儒家而不承認他的宗教性質，等於攔腰砍斷了儒家的上半截。此外以著書、著文形式贊成儒教是教說者，還有南開大學張榮明教授，四川社會科學院謝謙研究員。鄙人也於1995 年開始，在中國社會科學院世界宗教研究所主辦的《世界宗教研究》中著文，公開贊成儒教是教說。然而至此為止，在整個大陸的學者中，可以查到的、支持儒教是教說的學者，除提出者任繼愈先生之外，不過此三五人。而以各種形式發表的反對儒教是教說的文字，仍然佔據著關於儒教問題爭論的主流地位。這樣的情形大約持續了十年。這可以算作關於這次儒教是教非教爭論的第二階段。

　　上述兩個階段爭論的重要文章，被收入由任繼愈主編的《儒教問題爭論集》中。

　　1995 年，中國社會科學院調整結構，由任繼愈創辦的世界宗教研究所儒教研究室將被取消。由於當時任主任的鄙人力爭，儒教研究室生存下來。次年，「中國儒教史」被列為國家社會科學基金重點研究項目。由鄙人負責，由任繼愈擔任

顧問。兩年後，即 1998 年，《中國儒教史》完成，並於 1999
年、2000 年分兩卷出版。

　　《中國儒教史》作為國家重點項目履行了鑒定程序。鑒
定委員會由世界宗教研究所所長卓新平、宗教原理研究室主
任何光滬、北京師範大學哲學系主任周桂鈿、北京大學教授
趙敦華、中國人民大學教授張立文等五人組成，推舉張立文
任主任。作為鑒定委員之一的何光滬教授在評語中指出，這
部著作的完成，是「中國傳統文化研究領域裏的哥白尼革命」。
其他委員也都認為，這是儒學研究領域一部「最深刻」的著
作。周桂鈿教授在讀完評語後說：「原來我不承認儒教是教，
讀了鄙人的書稿，我改變了看法。」

　　《中國儒教史》出版，《世界宗教研究》、《孔子研究》、
《中國文化報》、《南方週末》以及日本《東方雜誌》等發表
了書評，《人民日報》、《光明日報》、《中國社會科學院院報》、
《科學時報》、《中國哲學史》（雜誌）、《中國社會科學院研究
生院院報》等發表了簡介或消息。這些消息、簡介和書評介
紹了鑒定委員的意見，對該書資料的豐富、作者態度的嚴謹
進行了充分的肯定。有的書評認為，該書是儒學研究領域的
「里程碑」。

　　在《中國儒教史》出版之前，《文史哲》雜誌於 1998 年
曾組織過一次筆談。參加者有老一輩的季羨林、蔡尚思、張
岱年先生，其次是張立文先生，郭齊勇先生。鄙人也參加了
筆談。明確認為儒教是教的不僅有鄙人，還有季羨林先生。

堅決反對儒教是教說的，只有蔡尚思先生。其他先生，也都以不同形式在某種程度上贊同或不再反對儒教是教說。張岱年先生也不再堅持反對儒教是教的意見，並希望學術界能夠寬容這一觀點。《文史哲》的這一系列文章曾被六七家雜誌全文或部分轉載，因而影響廣泛。

《中國儒教史》出版以後，蔡尚思先生於 2001 年 7 月 18 日投書《文匯報》，認為在儒教是教非教問題上，還是任繼愈先生的意見正確。並援引任先生為《中國儒教史》寫的序言，表示贊成儒教是教說。

繼蔡尚思先生之後，改變觀點、贊成儒教是教說的重要學者中，還有趙吉惠教授。趙教授是《中國儒學史》的第一作者或第一主編者。該書初版於 1991 年，1993 年再版時發行即達八千冊，是廣有影響的書。趙教授今年在臺灣《哲學與文化》（二十九卷第八期）上發表〈論儒學既是哲學又是道德宗教〉論文，表示放棄儒教非教說，贊成儒教是教說。到目前為止，可以統計到的贊成儒教是教說的大陸、臺灣重要學者，已經有六七十名之多。而在有關中國傳統文化，包括儒佛道三教的學術會議上，隨時可以聽到贊成儒教是教說的聲音了。

《中國儒教史》的出版，一面受到熱烈的歡迎和稱讚，一面也受到了激烈的抨擊。最嚴厲的抨擊開始於「孔子二千年網站」(www.confucius2000.com) 同時推出的陳詠明〈國家級的「豆腐渣」工程〉和王健的〈人文學術研究應有嚴謹的

學理基礎〉。陳文嚴厲抨擊《中國儒教史》作者「不通訓詁」，指出該書有多處「硬傷」。王文除重複陳文結論外，還認為該書作者沒有學理基礎，因而不具備寫作此書的條件。鄙人對這些抨擊進行了嚴肅的回應。雙方跟進的文章，都有數十篇。不久，爭論又從網際網路擴大到了雜誌。《學術界》、《孔子研究》、《浙江學刊》、《中國哲學史》，都先後發表了有關儒教是教非教的爭論文章。使儒教是教非教問題一時成為大陸，據說也包括臺灣和國際漢學界關注的一個焦點問題。在網站上先後發表文章的重要學者，有蒙培元、郭齊勇、鄭家棟等人。

爭論引起了大陸學術界的嚴重關切。中國社會科學院哲學研究所、《中國哲學史》編輯部、中國社會科學院「二十世紀中國哲學」重大課題組、新加坡東西文化發展中心共同召開了「儒家與宗教研討會」。會議宣稱「海內外三十餘位專家學者」出席了會議。當時在北京市範圍內能夠找到的關心這個問題的國內外精英學者，包括湯一介、余敦康、牟鍾鑒、張立文、李存山等都出席了會議。何光滬和鄙人也出席了會議。會上有認為儒教是教問題完全無意義、是個偽問題的(余敦康)，也有認為這個問題非常重要、特別值得認真討論的(湯一介)；有對儒教是教說的批評，也有贊成儒教是教說、對批評進行批評的。那種眾口一詞反對儒教是教說的局面沒有了，贊成儒教是教說的聲音多了起來。儒教是教說，已經在學術界站穩了腳跟。

會議的紀要後來發表在《中國哲學史》雜誌上，與此配

套的還有一些介紹爭論起因以及事後的訪談。該期同時也發表了鄙人對陳詠明的反駁。這期《中國哲學史》，較為集中地展現了關於儒教是教非教爭論的最新情況。會後不久，爭論的聲音還有，但已經是驚濤之後的餘波了。

　　會後不久，鄙人撰寫了《中國儒教史遭控周年祭》，總結了一年來圍繞《中國儒教史》的出版所進行的爭論。總結指出，陳詠明等對該書的指責無一成立，該書援引的約 1270 種資料尚未發現一例錯誤。《中國儒教史》，不僅其觀點得到越來越多的承認，其寫作質量也經受住了嚴峻的考驗。而支持或者贊成儒教是教說的，已經形成了一支可觀的隊伍；反對儒教是教說者，已經再沒有什麼新的理由、也組織不起一支整齊的隊伍了。對於這些論點，反對者也無力進行反駁了。

　　就整個大陸的情形來說，和臺灣也相仿，不贊成儒教是教說者，現在仍是多數。但是已經提不出什麼新根據，也沒有像樣的反駁力量了。其原因在於，儒教是教，不是個觀點問題，而是一個確鑿的歷史事實。這個事實就包括：上帝，原本是儒教對於自己至上神的稱呼。而現在，在許多中國人的心目中，無論是臺灣還是大陸，似乎都認為上帝是基督教的。其實，在基督教世界，把 God 譯為「上帝」，至今也還有許多正統的神學家不能同意。本書所描述的，就是儒教至上神的產生和發展的過程。

二

儒教是教非教的爭論，最早開始於利瑪竇來華。利瑪竇首先指出儒教不是宗教，然而許多研究者已經指出，這一面是出於基督教神父的偏見，一面也是由於他「儒服傳教」的需要。利瑪竇之後所發生的「禮儀之爭」，就說明了當時認為儒教非教，不是個學術認定，而是國際、教際之間複雜關係制約的結果。

第二次關於儒教是教非教的爭論開始於 1902 年，梁啟超首先提出了儒教非教說，其次是蔡元培任教育部長，宣佈儒教非教，再後是陳獨秀辦《新青年》，更加明確地提出「儒教之教只是教化之教，非宗教之教」，中國古代是「非宗教國」等主張。這次爭論奠定了今天儒教非教說的思想基礎。然而考察這次否認儒教是教，主要是國內政治上的原因，也不是學術上的正確結論。對於這次爭論的研究，有苗潤田、鄂人兩篇文章，載於《中國哲學史》1998 年某期。

從 1978 年至今關於儒教是教非教的爭論，是這個問題爭論的第三次。其爭論的長期和激烈程度，說明了這個問題對於中國學術界的至關重要。而目前專門闡述儒教問題的學術著作，才僅有一本《中國儒教史》。與之配套的《儒教通論》（拙著），在 2004 年才能出版。鄂人應邀撰寫的《隋唐三教哲學》，由於贊助者的突然死亡，以致出版擱淺。本書（《上帝——儒教的至上神》）能夠出版，一定會受到應有的關注。

　　2002 年夏，以李渙先生為團長的「孔孟學會」代表團訪問中國社會科學院。鄙人在會上關於儒學、儒教問題作了發言。副團長某先生表示不能認同儒教是教，鄙人十分理解。王邦雄先生則讚揚鄙人的發言「十分中肯」，鄙人引以為幸。

宗教文庫

人類如何去信仰與人類信仰什麼是同樣重要的問題

基督宗教　弗里兹‧史鐸爾兹 (Fritz Stolz)／著　楊夢茹／譯

　　基督教是我們日常熟悉的宗教之一，但是，我們真的了解基督宗教嗎？在現代，基督徒正與其他宗教進行前所未有的密切交流，我們需要對其有更縝密的認識。本書作者弗里兹‧史鐸爾兹 (Fritz Stolz) 藉著基督宗教的傳統言說特質，回顧《聖經》的經文，在教義、社會形式和敬虔等方面，開展出重要的論述。

獅子勇士──錫克教史話　江亦麗／著

　　本書是臺灣介紹錫克教的第一本專書。16 世紀初，在印度西北部的旁遮普地區，納那克為了調和印度教和伊斯蘭教的衝突，創立了追求和平的錫克教，但到了後來，卻一變而為崇尚武力的宗教。本書中探討錫克教產生的背景和發展過程，論述其教義、哲學和倫理思想，敘述十位祖師的生平傳奇，介紹錫克教的風俗、聖地和節日，是探索世界宗教的珍貴資料。

龍王信仰探祕　苑　利／著

　　華北地區是中國農耕文化的發祥地，同時也是個旱災頻仍的災區，因此，歷史上以祀龍祈雨為中心的龍王信仰異常發達。本書認真梳理龍王信仰的來龍去脈，對中國以布雨龍王為首的雨神系統、祀龍祈雨儀式、祈雨組織構成以及祈雨文本等問題，進行深入的研究。

淨土或問‧導讀　陳劍鍠／著

　　《淨土或問》是元朝臨濟宗天如惟則禪師的著作，以問答的方式提出二十六對問答，一一剖析淨土法門的各種信仰問題，是一本涵蓋思想理論及修持方法兩方面的淨土要典。本書首先將《淨土或問》的原文置於最前面，接著導讀本意，最後加以註釋。以「闡述」的方式代替翻譯，不在文端一一作出解釋，給讀者更多的思考空間。

宗教文庫

人類如何去信仰與人類信仰什麼是同樣重要的問題

宗教學入門　瓦鄧布葛／著　根瑟‧馬庫斯／譯

　　人類總在理性的盡頭走上信仰宗教，然而，站在人文精神與知識的立場，我們應如何去思索宗教現象，以及探尋關於宗教的可靠知識呢？本書主張把宗教現象視作人類現象來研究，分別從歷史、比較、情境以及詮釋學來充實其內涵，系統性地從幾種不同的學科與途徑來介紹當前的宗教研究，企使宗教建立一門知識性的學科。

中國民間信仰與道教　劉仲宇／著

　　中國傳統文化中，儒釋道號稱三教，是中國文化的主要支柱，同時也意味著它們不能囊括全部的中國文化。在民間，還有在日常生活中大量重現的俗文化。民間信仰即是俗文化的一部分，對它的了解，是理解民眾精神生活的重要途徑，本書詳述中國民間信仰與道教的互動與發展，使讀者能更加理解鮮活的中國文化。

滿族薩滿教　王宏剛　于國華／著

　　「薩滿」為通古斯語，意為「知曉神意的人」。薩滿教是北方先民用集體的力量擺脫蒙昧的一種文化形態，它記錄了人類童年時代的某些精神景觀與心靈發展的歷史軌跡。本書深入「白山黑水」的東北滿蒙地區，為讀者揭開一幕幕美麗的原始神話，帶領讀者飛翔在薩滿的萬物神靈裡。

茅山道教上清宗　鍾國發／著

　　本書深入淺出地描述以神仙理想和道教活動為主線的歷代茅山文化風貌及其演進，以及仙山形勝、宮觀格局、隱居心態、存想體驗、動天福地、山中宰相、丹鼎爐火、符籙印劍、宗師統系、教門盛衰等諸多趣聞，並對道教史上的一些疑難問題提出個人見解，可謂雅俗共賞。

宗教文庫

人類如何去信仰與人類信仰什麼是同樣重要的問題

佛教入門　三枝充悳／著　黃玉燕／譯

　　佛教一直以宗教的立場來開導大眾，使人得到精神安慰。再加上佛教能建立思想，使其成為人們實踐的支柱，這更對各種優異文化的形成、深化、發展等，有很大的貢獻。本書全部圍繞在「何謂佛教」這個主題上，對於佛教入門所必須述及的各種問題，以平實的文字做忠實的敘述，使佛教的整體面貌得以開顯。

唯識思想入門　橫山紘一／著　許洋生／譯

　　疏離的時代，人類失去了自己本來的主體性，並正被異化、量化為巨大組織中的一小部分，而如果罹患了疏離感的現代人不做出主動且積極的努力，則永遠不得痊癒。唯識思想的歷史是向人類內心世界探究的歷史，而它的目的就在於：使人類既充滿污穢又異化的心，恢復清淨及正常的本質。

華嚴宗入門　　劉貴傑／著

　　傳說印度龍樹菩薩承大乘行願，發心潛入龍宮的藏經閣讀經，後從龍宮攜出《華嚴經》下本，才得流傳世間。華嚴宗依《華嚴經》而立，以法界圓融無礙為宗旨，宣揚一心含攝無量，並直指唯有修心才能成佛。本書提契華嚴宗的基本概念及主要義理，引領讀者步入華麗莊嚴的佛法殿堂。

天台哲學入門　　新田雅章／著　涂玉盞／譯

　　天台宗是成立於隋代的佛教宗派，之所以名為天台，是因集其教學大成的智者大師於天台山宣教。智者大師從「迷」到「悟」兩個核心概念來教示大眾，一方面給迷的眾生指示悟的境界，一方面也說示抵達悟境的方法或過程，甚至也論述悟境本身內容，將中國佛教的止、觀、教融為一體，構成一完整的佛教宗派。

宗教文庫

人類如何去信仰與人類信仰什麼是同樣重要的問題

何謂禪　鎌田茂雄／著　昱　均／譯

　　生活在現世的人們，忙碌異常，有如走馬燈似地不停的工作，最後面臨死亡。此時，我們應該安靜地凝視自己的身心，傾聽它們的需求。禪，不僅可以解開心的煩惱，更能調適身體的問題；簡單地說，禪可以匡正生活。若您想使身體保持理想狀態，心胸悠然寬廣，不妨就由閱讀這本禪書開始吧！

印度教導論　摩訶提瓦／著　林煌洲／譯

　　由正當的語言、思想及行為著手，積極地提升自己的內在精神，寬容並尊重各種多元的思想，進而使智慧開顯豁達，體悟真理的奧祕，這就是印度教。印度教強調以各種方法去經驗實在及實踐愛，而這正是本書力求把印度教介紹給世人的寫作動力。藉由詳盡的闡釋，本書正提供了一條通往永恆及良善生活方式的線索。

覺與空——印度佛教的展開　竹村牧男／著　蔡伯郎／譯

　　「覺」與「空」無疑是一切學佛的實踐者與研究者最關注的兩個課題，但這兩個課題的內容，並不容易說得清楚。釋尊之後佛教的種種發展與流轉，無非是圍繞於對這兩個主題的不同闡述與理解。本書以這兩個課題為主軸，精闢扼要的論述，也反映出從釋尊以來佛教的發展與流轉，可為一部生動、簡明的佛教史。

多難之路——猶太教　黃陵渝／著

　　猶太教徒相信宇宙有而且只有一位上帝存在，其教義強調猶太人是上帝從萬民中揀選出來的一個特別民族，受到上帝的眷顧，並肩負上帝委託的特殊使命。然而，這個民族卻歷經滅國、流亡及種族屠殺等乖舛多難的命運。在背負過去的傷痛及靜待救贖的日子裡，且讓我們共體猶太信仰在人類史上的堅貞與多難。

國家圖書館出版品預行編目資料

上帝:儒教的至上神 / 李申著.－－初版一刷.－－
臺北市：東大，2004
　　面；　　公分－－(宗教文庫)
　　ISBN 957-19-2765-1　(平裝)
　　1.儒家－中國－歷史

121.209　　　　　　　　　　　　　93002968

網路書店位址　http://www.sanmin.com.tw

© 上　　帝
——儒教的至上神

著作人	李　申
發行人	劉仲文
著作財產權人	東大圖書股份有限公司 臺北市復興北路386號
發行所	東大圖書股份有限公司 地址／臺北市復興北路386號 電話／(02)25006600 郵撥／0107175-0
印刷所	東大圖書股份有限公司
門市部	復北店／臺北市復興北路386號 重南店／臺北市重慶南路一段61號

初版一刷　2004年4月
編　號　E 270040
基本定價　參元陸角
行政院新聞局登記證局版臺業字第○一九七號

ISBN　957-19-2765-1　(平裝)